Herderbücherei

Band 1326

Über das Buch

Wahrlich, sie ist schön gewesen, diese Erde, und reich, als sie uns vom Herrn der Schöpfung übergeben worden ist zur Pflege und Nutzung! Bevor wir also von ihm erwarten, daß er sie wieder heil mache, sollten wir in tätiger Reue wenigstens aufhören, sie weiter zu ruinieren. – Allerdings, woher die Kraft nehmen zur Umkehr, wo doch alle »Sachzwänge« auf Ausbeutung hinauslaufen –, wenn nicht von Gott?
Die folgende Sammlung von Gebeten aus aller Welt läßt den Glanz des Ursprungs aufleuchten, verschweigt aber auch nicht unser heutiges Schwanken zwischen Verzweiflung und Hoffnung. Mitten aus dunkelsten Ängsten meldet sich sogar Zuversicht: Fehlgeratenes Menschenwerk wird sich mit Gottes Hilfe doch wohl soweit korrigieren lassen, daß eine Katastrophe vermieden wird!

Über den Autor

Franz Rieger, Dr. phil., 1916 im Elsaß geboren, erst Kaufmann, dann Pädagoge und Direktor der Münchner Volkshochschule, heute Publizist und wissenschaftlicher Beirat der Studiengesellschaft für Friedensforschung.

DU BIST SCHÖN, MEINE ERDE

Gebete der Schöpfung

Gesammelt und eingeleitet
von Franz Rieger

Herderbücherei

Originalausgabe
erstmals veröffentlicht als Herder-Taschenbuch

Buchumschlag: Werner Bleyer

Herder Freiburg · Basel · Wien
Herstellung: Freiburger Graphische Betriebe 1986
ISBN 3-451-08326-4

»Du bist schön, meine Erde«,
wer könnte heute so reden?
Die dich vom Mond her geschaut
als strahlend blauen Planeten, –
gehörst du den Astronauten?

Oder uns, den satten Nutznießern
deiner ausgeschlachteten Eingeweide,
Tierschutzmitgliedern wohl, und sentimentalen
Erinnerern an klare, saubere Bäche
und die unvergifteten Wälder der Kinderzeit?

Oder den armen Nichtnutzern deiner Schätze
und ihren Milliarden Enkeln ohne
einen Quadratzentimeter im Grundbuch?
Oder den Vierzigtausend, die täglich verhungern
und in dir verscharrt werden?

Oder bleibst du noch immer Eigentum
dessen, der gut fand, was er erschaffen,
und seinen Geschöpfen verhieß:
»Siehe, ich mache alles neu!«?
Noch dürfen sie hoffen.

Sogar wir.

Franz Rieger

INHALT

Liebe Leserin, lieber Leser,

wem die Erde gehört und das Leben auf ihr, wird auf allen folgenden Seiten beantwortet. Vielstimmig; darin aber eindeutig: *nicht* den Menschen, und schon gar nicht den Technokraten des 20. Jahrhunderts! Aber lesen Sie selbst, noch besser: blättern Sie erst einmal und halten Sie inne, wenn eine Zeile Sie anspricht! Wer sich ansprechen läßt, hat die Chance, mitgenommen zu werden in ein fremdes Land, eine ferne Zeit. Mitfühlen ist geboten und durch ›Hinhören‹ beim Lesen auch möglich, sind es doch allemal Worte von Menschen, von Mitmenschen mit Empfindungen und Schicksalen gleich den unsrigen, auch wenn sie vor vielen Jahrhunderten gelebt haben! So können wir selbst durch eine schlechte Übersetzung hindurch die originale Bedeutung ihrer Worte genügend sicher erkennen.
Unterschiede sind offenkundig: bei einigen dieser Lobpreisungen oder Klagen hat man den Eindruck, daß innerste Regungen spontan preisgegeben werden; andere sind kunstvolle Kompositionen, nicht nur an den Schöpfer, auch an Leser gerichtet; wieder andere, wie die Psalmen, sind millionenmal nachgesprochen und zitiert worden, ohne an Wahrheit und Glanz zu verlieren. – Weil auch die ehrwürdigsten Gebete Menschenwerk sind, darf man mit ihnen unbefangen umgehen, sie betend ändern oder ›nur‹ über ihren Inhalt meditieren. Sie sollen ja nicht in diesem Bändchen ungebraucht eingesperrt bleiben! Viele herrliche, aber für uns moderne Menschen irritierend lange Texte hat der Herausgeber deshalb gekürzt – das kleinere Übel wählend.
Irgendwann bei der Lektüre wird Ihnen auffallen, daß die ›Grundmelodie‹ so gut wie aller Gebete sich von der der

Schöpfungsgeschichte in der Bibel kräftig unterscheidet. Im Buch Genesis 1,26–28 lesen wir: »Als Mann und Frau schuf er sie. Gott segnete sie und sprach zu ihnen: ›Seid furchtbar und mehret euch und erfüllet die Erde und macht sie euch untertan! Herrschet über die Fische des Meeres und über die Vögel des Himmels und über alles Getier, das sich auf Erden regt.« Daß nicht unbeschränkte Verfügungsgewalt gemeint ist, geht besonders klar aus 1,29–30 hervor; da übergibt Gott den Menschen alle samenhaltigen Pflanzen und Bäume, den wilden Tieren aber die ganze übrige Vegetation. Trotzdem: es bleibt eine enorme Erhöhung des Geschöpfs Mensch über die Mitgeschöpfe.
Anders und mit der ›Grundmelodie‹ der Gebete besser harmonierend klingt eine kurze, 200 Jahre ältere, leider seltener zitierte Stelle in Genesis 2,15–19: »Gott, der Herr, nahm den Menschen und setzte ihn in den Garten Eden, damit er ihn bebaue und bewache.« Dieser dienenden Aufgabe als Gärtner entspricht dann auch das bescheidene Recht, die Tiere zu benennen. – Nicht auszudenken, was der Schöpfung, aber auch der Menschheit erspart geblieben wäre, hätten sich die Kinder Evas nach der Vertreibung aus dem Paradies und bis heute an diesen beschränkten Auftrag auch nur einigermaßen gehalten!
Ein Wort noch zur Sprache zeitgenössischer Gebete, die so gar nicht ›schön‹ ist und selbst manche jungen Leute befremdet: Heute, wo immer deutlicher wird, daß die Schöpfung, die Lebensgrundlage künftiger Generationen, ausgeraubt, ja als Ganzes durch die ABC-Waffen aufs Spiel gesetzt wird, braucht man sich nicht zu wundern, daß die Sprache sensibler Autoren gleichsam schreit oder stottert oder schier verstummt. Auch für die Verfasser und die Beter dieser Gebete gilt: Wer sich an Gott wendet, ist nie bar aller Hoffnung.

Franz Rieger

DER URSPRUNG, DEM ALLES ENTSTRÖMT

Der Uranfang

Weder ein Etwas war damals, noch auch ein Nichts war das Weltall,
Nicht bestand der Luftraum, noch war der Himmel darüber.
Wo war der Hüter der Welt? Was war ihr Inhalt und welches
Ihre Umhüllung? Was war die Meerflut, die grundlose tiefe?

Nicht regierte der Tod, noch gab es Unsterblichkeit damals,
Und es fehlte das scheidende Zeichen von Tagen und Nächten.
Eins nur atmete ohne zu hauchen aus eigenem Antrieb,
Und kein anderes zweites war außer diesem vorhanden.

Dunkelheit war im Beginne in Dunkelheit gänzlich versunken.
Nebelhaft nur, ein Wassergewoge war damals das Ganze;
Als lebendiger Keim von dem toten Gewoge umfangen,
Ließ sich das Eine gebären von feurigem Drange getrieben.

Über das Eine ist anfangs ein liebendes Sehnen gekommen,
Aus dem bloßen Gedanken entsproß der früheste Same.
Also fanden das Band, das Sein mit Nichtsein verknüpfet,
In der Vergangenheit forschend die Weisen mit sinnendem Herzen.

Helle verbreitend drang mitten hindurch ihr geistiges Auge.
Gab es denn damals ein Unten, und gab es schon damals ein Oben?
Sämende Kräfte, sie wirkten, es wirkten die Triebe ins Weite;
Unten die wollende Kraft und oben das männliche Drängen.

Aber wer weiß es gewiß, und wer kann auf Erden erklären:
Woher ist sie entsprungen, von wannen kam sie, die Schöpfung?

Götter sind später entstanden im Laufe der
Weltenerschaffung.
Wer weiß also, von wannen die erste Entwicklung
gekommen?

Unsere Schöpfung, von wannen sie ihre Entwicklung
genommen,
Sei es, daß *er* sie bereitet hat, sei es auch nicht so –
Der sie als schirmendes Auge vom obersten Himmel
beschauet,
Der nur weiß es gewiß! Und wenn selbst *er* es nicht wüßte?

Rigveda (2. Jahrtausend v. Chr.)

Hymnus an den Mondgott Sin

Kräftiger junger Stier mit starken Hörnern, vollkommenen Gliedmaßen, lasurfarbenem Bart, voller Üppigkeit und Fülle,

Frucht, die von selbst erzeugt wird, von hohem Wuchs, herrlich anzuschauen, an deren Fülle man sich nicht sättigen kann!

Mutterleib, der alles gebiert, der bei den lebenden Wesen einen glänzenden Wohnsitz aufschlägt,

Barmherziger, gnädiger Vater, in dessen Hand das Leben des ganzen Landes gehalten wird;

O Herr, deine Gottheit ist wie der ferne Himmel, wie das weite Meer, voller Ehrfurcht!

Dein, dein Wort: wenn es im Himmel erschallt, werfen die Igig sich auf das Antlitz nieder …

Dein, dein Wort: wenn es auf Erden erschallt, küssen die Anunnak den Boden.

Dein, dein Wort: wenn es droben wie der Sturmwind dahinfährt, läßt es Speise und Trank gedeihen,

Dein, dein Wort: wenn es auf die Erde sich niederläßt, so entsteht das Grün.

Dein, dein Wort macht Stall und Hürde fett, breitet aus die Lebewesen,

Dein, dein Wort läßt Wahrheit und Gerechtigkeit entstehen, so daß die Menschen die Wahrheit sprechen.

Dein, dein Wort ist der ferne Himmel, die verborgene Erde, die niemand durchschaut,

Dein, dein Wort, wer verstünde es, wer käme ihm gleich?

Babylon (2. Jahrtausend v. Chr.)

Hymne an Zeus

All' die unsterblichen Götter und Göttinen alle, die sel'gen,
was da entstanden schon war und was da entstehen noch sollte,
All' das war nun im Schoße des Zeus zusammen vereinigt.
Zeus war erster, und Zeus ist letzter, der Blitze Beherrscher,
Zeus ist Haupt, ist Mitte, aus Zeus ist alles entstanden,
Zeus war der zeugende Mann und der ewige Zeus auch die Jungfrau.
Zeus ist die Feste der Erde und des sternbesäten Himmels.
Zeus ist der Odem des Alls und der Strom nie rastender Wärme.
Zeus ist die Wurzel des Meeres, und Zeus ist Sonnen- und Mondball.
Zeus ist Herrscher, Zeus ist der Urerzeuger des Weltalls.
Eine Kraft ist, *ein* Geist, des Weltalls gewaltiger Urgrund,
Und *ein* göttlicher Leib, in dem dies alles herumkreist:
Feuer und Wasser, und Erde und Äther, Nachtdunkel und Taglicht,
Einsicht auch, der erste Erzeuger, die freudige Liebe,
Denn dies alles ja liegt in des Zeus geräumigen Weltleib. –

Pythagoras (582–507 v. Chr.)

An den Äther

Treu und freundlich, wie du, erzog der Götter und Menschen
Keiner, o Vater Äther! mich auf; noch ehe die Mutter
In die Arme mich nahm und ihre Brüste mich tränkten,
Faßtest du zärtlich mich an, und gossest himmlischen Trank mir
Mir den heiligen Odem zuerst in den keimenden Busen.

Nicht von irdischer Kost gedeihen einzig die Wesen,
Aber du nährst sie all mit deinem Nektar, o Vater!
Und es drängt sich und rinnt aus deiner ewigen Fülle
Die beseelende Luft durch alle Röhren des Lebens.
Darum lieben die Wesen dich auch und ringen und streben
Unaufhörlich hinauf nach dir in freudigem Wachstum.

Himmlischer! sucht nicht dich mit ihren Augen die Pflanze.
Streckt nach dir die schüchternen Arme der niedrige Strauch nicht?
Daß er dich finde, zerbricht der gefangene Same die Hülse:
Daß er belebt von dir in deiner Welle sich bade,
Schüttelt der Wald den Schnee wie ein überlästig Gewand ab.
Auch die Fische kommen herauf und hüpfen verlangend
Über die glänzende Fläche des Stroms, als begehrten auch diese
Aus der Wiege zu dir; auch den edeln Tieren der Erde
Wird zum Fluge der Schritt, wenn oft das gewaltige Sehnen,
Die geheime Liebe zu dir sie ergreift, sie hinaufzieht.

Friedrich Hölderlin (1770–1843)

O Gott, du überglänzendes, ewigscheinendes Licht, du hast der äußern Welt das Licht von dem Hauch deiner Macht durch die Strahlen deines Lichtes gegeben, und herrschest mit Sonne und Monde in allen deinen Werken in dieser Welt Wesen; du gebärest alles zeitliche Leben durch diese Lichter. Alles, was Atem hat, wirket und lebet in diesen Lichtern, und lobet dich in deiner Kraft; alle Sterne nehmen Licht und Schein von deinem ausgegossenen Glanze. Du zierest die Erde mit schönen Kräutern und Blumen durch dieses Licht, und erfreust darinnen alles, was lebet und wächset, und zeigest uns Menschen darinnen deine Herrlichkeit, daß wir erkennen deine Kraft, die inwendig verborgen ist, und daran sehen, wie du dein ewiges Wort und Wirkung sichtbar gemacht hast; auf daß wir dadurch sollen betrachten dein inwendiges, geistliches Reich, da du im Verborgenen wohnest und alle deine Geschöpfe erfüllest, und alles in allem selber wirkest und tust.

Jakob Böhme (1575–1624)

Ob ich gehe oder ruhe, es ist dir bekannt;
du bist vertraut mit all meinen Wegen.
Noch liegt mir das Wort nicht auf der Zunge –
du, Herr, kennst es bereits.
Du umschließt mich von allen Seiten
und legst deine Hand auf mich.
Zu wunderbar ist für mich dieses Wissen,
zu hoch, ich kann es nicht begreifen.
Wohin könnte ich fliehen vor deinem Geist,
wohin mich vor deinem Angesicht flüchten?
Steige ich hinauf in den Himmel, so bist du dort;
bette ich mich in der Unterwelt, bist du zugegen.
Nehme ich die Flügel des Morgenrots
und lasse mich nieder am äußersten Meer.
auch dort wird deine Hand mich ergreifen
und deine Rechte mich fassen.
Würde ich sagen: »Finsternis soll mich bedecken,
statt Licht soll Nacht mich umgeben«,
auch die Finsternis wäre für dich nicht finster,
die Nacht würde leuchten wie der Tag,
die Finsternis wäre wie Licht.
Denn du hast mein Inneres geschaffen,
mich gewoben im Schoß meiner Mutter.
Ich danke dir, daß du mich so wunderbar gestaltet hast.
Ich weiß: Staunenswert sind deine Werke.

Psalm 139,3–14

Spruch 34

Des Großen Bahn ist ein Allesdurchfluten.
Sie ist rechts und zugleich ist sie links.
Sie alleine kann den Vielen das Dasein geben,
Und entzieht sich ihm nicht.
Ein ewiges Schöpfen von Werken ist's,
Ohne Ruhm zu begehren.
Ein Mehren und Nähren der unendlich Vielen,
Ohne herrisches Tun.
Da sie immerfort nur sich im Schöpfen erschöpft,
So wäre sie klein zu nennen.
Ihr wenden sich dennoch die Zahllosen zu,
Und sie spielt nicht die Herrin.
Drum nennen wir groß auch sie.
So auch der Edle:
Nie und nimmermehr tut er groß,
So erfüllt er das Werk des Großen.

Laotse (7. Jahrhundert v. Chr.)

... Der Mensch hat ein Gewissen und kennt die Liebe. Wenn ein Verliebter sagt, die Augen seines Mädchens glänzten heller als tausend Sterne, so hat er tatsächlich recht damit, auch wenn Sigma des Dorado 300 000mal heller als die Sonne ist. Denn aus diesen Augen strahlt das Licht der Intelligenz und der Liebe, und einen solchen Glanz haben weder Sigma des Dorado noch Alfa der Leier noch Antares. und wenn der Radius des Universums auch 100 000 000 000 Lichtjahre umfaßt, irgendwo ist er doch einmal zu Ende. Der elendste aller Menschen ist größer als das Universum, seine Art von Größe geht über die Maße bloßen Rauminhalts hinaus ...
Denn die Seele vervollständigt das Universum, wie Platon sagt, sie wurde geschaffen, damit das Weltall einen Intellekt habe. Der Mensch ist die Krone der sichtbaren Schöpfung, es geht also nicht an, ihn unscheinbar und niedrig zu heißen (»gemeiner Erdenwurm«), denn das würde ja bedeuten, wir fänden das Werk Gottes unscheinbar und niedrig.
Wenn wir also in einer sternenklaren Nacht die Unermeßlichkeit des Weltalls bedenken, wird diese Unermeßlichkeit noch viel größer, wenn wir uns gleichzeitig auch in unsere eigene Seele vertiefen ...
Die ganze Schöpfung ist die Schönschrift Gottes, und in Seiner Schrift gibt es nicht ein sinnloses Zeichen. Der Schriftzug der Meteore am Himmel und die Spur der Kriechtiere im Sand, der Flug der Zugvögel in den Herbstnächten und der Weg der Sonne durch die Wendekreise, die Jahresringe im Stamm einer Zeder und die Schlangenlinien der Flüsse in einer Luftaufnahme, alles sind Zeichen, die uns Botschaften übermitteln. Wir müssen nur verstehen, sie zu lesen. Es gibt Menschen, die sich an diesen Zeichen bis zur Ekstase erfreuen können, ohne sie doch eigentlich zu entziffern, ohne zu verstehen, daß die Natur ja eigens als Botschaft für sie geschrieben und aufgezeichnet

ist. Diese Menschen gleichen einem Bauernmädchen, das sich an der Schrift eines alten Manuskriptes erfreut, das ihm irgendwie in die Hände geraten ist, aber ohne zu wissen, daß es sich um einen Liebesbrief des Königs handelt. Und wir sind ebenfalls Zeichen Gottes. In jedem von uns ist diese göttliche Schrift eingegraben, unser ganzes Sein ist eine Mitteilung und Botschaft Gottes. Wir sind hineingestellt in diese Schöpfung, die ganze Mitteilung ist, als die reinsten und schönsten Worte Gottes. Wir sind Gottes Ebenbild. Der Mensch stellt sich seine Götter menschenähnlich vor, weil Gott den Menschen tatsächlich nach seinem Bilde erschaffen hat.

Die menschliche Liebe hat nur darum einen Sinn, weil das Antlitz des Menschen eine Nachbildung des Antlitzes Gottes ist. Wir lieben Gott im Antlitz unseres Nächsten. Aber jedes menschliche Antlitz ist wie verschleiert; es ist der Schleier dessen, den wir nicht wirklich schauen können, ohne zu sterben. Wir sind geschaffen für einen Gott in der Mehrzahl, für einen Gott, der im Plural sprach, als er den Menschen erschuf: »Laßt uns ein Bildnis machen nach unserem Ebenbild.« Und es ist das Ebenbild dieser Mehrzahl, der Dreieinigkeit Gottes, das in jedem Menschen wohnt. Es ist ein Ebenbild der Liebe, weil Gott die Liebe ist (die gegenseitige Liebe) und weil wir als Ebenbild eines mitteilsamen Gottes geschaffen wurden ...

Ernesto Cardenal

Der Abdruck seines Fusses

So bewahrt die »Spur« Gottes in den Geschöpfen die Ähnlichkeit, die überall das Werk mit seinem Urheber verbindet. Aber es ist freilich, wie das Wort selbst andeutet, nur eine ganz unvollkommene und teilweise Ähnlichkeit. Die Spur ist weit weniger als ein Bild, sie ist im nächsten und ursprünglichsten Sinne nichts weiter als der Abdruck des Fußes im weichen Boden. So deutet gleichsam die Spur Gottes in den Dingen darauf, daß der Schöpfer über die Schöpfung hingeschritten ist. Sie kann nicht zur Kenntnis dessen führen, was Gott an sich ist, sondern nur, daß er ist und was er nicht ist. *Die Schöpfung weist auf den Schöpfer, ihre Zier auf seine Schönheit, die Größe ihrer Masse wie der in ihr beschlossenen Kräfte auf seine Unermeßlichkeit, ihre Zeitlichkeit auf seine Ewigkeit.*

Albert der Große (1206–1280)

Das Ziel, zu dem alles zurückfliesst

Aber im Königreich des Allmächtigen, wo das Reich der König ist; wo alles, was in allen Reichen ist, der König selbst ist; wo die Farbe nicht sinnliche oder vernunfthafte, sondern göttliche Farbe, ja Gott selber ist; wo alles, was in der sinnlichen Welt der Bewegung und des Lebens entbehrt und alles, was pflanzliches, sinnliches, verstandesmäßiges und vernunfthaftes Leben hat, das göttliche Leben ist, die Unsterblichkeit, in der allein Gott wohnt und wo in ihm alles er selber ist; dort ist das Frohlocken aller Freuden, die wir durch Augen, Ohren, Geschmack, Berührung, Geruch, Sinn, Leben, Bewegung, Verstand und Vernunfterkenntnis schöpfen, die göttliche, unendliche und unaussagbare Freude und die Ruhe aller Freude und allen Entzückens; denn Gott ist der theos, ist Schau und Lauf, der alles sieht, in allem ist, alles durchläuft. Auf ihn blickt alles als auf seinen König; auf seinen Befehl bewegt sich alles, und jeder Lauf zum Ziel der Ruhe ist ein Lauf zu ihm. Alles ist darum theos, der Ursprung, dem alles entströmt, die Mitte, in der wir uns bewegen und das Ziel, zu dem alles zurückfließt.

Nikolaus von Kues (1401–1464)

Gott schwingt im Äther; und durch ihn dringt Er unmerklich bis in das Mark meiner materiellen Substanz ein. Durch Ihn verbinden, beeinflussen und tragen einander alle Körper in der Einheit der totalen Sphäre, deren Grenzoberfläche von uns nicht vorgestellt werden kann.
Gott arbeitet im Leben. Er hilft ihm, hebt es empor, gibt ihm den Anstoß, der es vorantreibt, den Hunger, der zieht, das Wachstum, das es verwandelt. Ich spüre Ihn und ich berühre Ihn und ich »lebe« Ihn in dem tiefen biologischen Strom, der in meiner Seele kreist und sie mit sich fortrollt.
Gott scheint in der Menschheit durch und personifiziert sich in ihr. Ich ertrage Ihn in meinem Bruder; ich höre Ihn in den Befehlen der Oberen sprechen; – und dann begegne ich und unterziehe ich mich von neuem wie in einem zweiten materiellen Bereich der beherrschenden und durchdringenden Berührung Seiner Hand auf der höheren Ebene der kollektiven und sozialen Energien.
Je tiefer ich in mich hinabsteige, um so mehr finde ich Gott im Herzen meines Seins; – je mehr ich die Bindungen vervielfache, die mich an die Dinge fesseln, um so enger schließt Er mich ein.
Gott, der in mir das so lang wie die Gesamtheit der Jahrhunderte währende Werk der Inkarnation Seines Sohnes fortsetzt.

Pierre Teilhard de Chardin

DIE MILCHSTRASSEN SINGEN GOTTES RUHM

Herr,
ich werfe meine Freude wie Vögel an den Himmel.
Die Nacht ist verflattert und ich freue mich am Licht.
So ein Tag, Herr, so ein Tag.
Deine Sonne hat den Tau weggebrannt
vom Gras und von unseren Herzen.
Was da aus uns kommt,
was da um uns ist an diesem Morgen,
das ist Dank.
Herr,
ich bin fröhlich heute am Morgen.
Die Vögel und Engel singen und ich jubiliere auch.
Das All und unsere Herzen sind offen für Deine Gnade.
Ich fühle meinen Körper und danke.
Herr,
ich freue mich an der Schöpfung.
Und daß du dahinter bist
und daneben und davor und darüber
und in uns.
Herr,
ich freue mich und freue mich.
Die Psalmen singen von Deiner Liebe,
die Propheten verkündigen sie und wir erfahren sie.
Herr,
ich werfe meine Freude wie Vögel an den Himmel.
Ein neuer Tag, der glitzert und knistert
und jubiliert von Deiner Liebe.
Jeden Tag machst Du,
Du zählst jeden Tag wie die Kräusel auf meinem Kopf.
Halleluja, Herr.

Hymnus aus Afrika

Die Morgenröte kleidet sich in ihr Lichtgewand. Sie will Ehre erweisen dem Schöpfer der Menschen.

Der hohe Himmel legt die Decke seiner Wolken von sich. Er beugt sich vor dem Schöpfer der Menschen.

Die Sonne, die Königin unter den Sternen, breitet ihre Strahlen aus wie goldenes Haar.

Der Wind, der über die Erde geht, streichelt auf seinem Wege die Wipfel der Bäume, und wir hören ihn reden in den Zweigen.

In den Bäumen singen die Vögel und bringen ihr Lied dar dem Herrn der Erde.

Die Blumen breiten ihre Farben aus und ihren Duft. Es ist herrlich, sie zu sehen.

So rühmt auch mein Herz dich, meinen Vater, bei jeder Morgenröte aufs neue, du, mein Schöpfer.

Gebet der Indianer Perus, 17. Jahrhundert

Psalm 19

Die Milchstraßen singen Gottes Ruhm.
Arktur ist zwanzigmal größer als die Sonne
und Antares 487 mal heller als ihr Schein.
Sigma des Dorado hat den Glanz von dreihunderttausend
Sonnen,
Alpha des Orion entspricht 27 Millionen Sonnen,
und Aldebaran hat einen Durchmesser von 50 Millionen
Kilometer;
Alpha der Leier, dreihunderttausend Lichtjahre von uns
entfernt,
und der Nebel des Bootes, 200 Millionen Lichtjahre weit,
sie alle künden das Werk Seiner Hände.

Seine Sprache ist wortlos
und nicht gleich dem Redeschwall der Politiker,
und doch ist Seine Sprache unüberhörbar.
Die Milchstraßen senden geheimnisvolle Radiowellen aus,
und der eisige Wasserstoff im interstellaren Raum
bebt in optischen Wellen und akustischen Schwingungen.
In den Vakuen zwischen den Milchstraßen
wogen Magnetfelder,
die bis in unsere Radioteleskope singen
(und vielleicht gibt es Zivilisationen, deren Botschaften
unsere Radioantennen auffangen können).

Im Universum gibt es
– soweit wir heute erkennen –
100 Millionen Milchstraßen,
die sich in einem riesigen Karussell
wie Musikkreisel drehen.
Die Sonne zieht ihre gewaltige Bahn
rings um das Sternbild des Schützen.
Sie gleicht einer Gattin, die sich vom Brautbett erhebt;
umgeben von ihren Planeten eilt sie,
im Tempo von 72 000 Kilometern pro Stunde,

dem Sternbild des Herkules und der Leier entgegen
(150 Millionen Jahre braucht sie, den Kreis zu vollenden),
und sie weicht nie einen Zentimeter von ihrer Bahn.

Das Gesetz des Herrn zügelt das Unterbewußtsein,
es ist vollkommen wie das Gesetz der Schwerkraft.
Seine Worte gleichen den Parabeln der Kometen
und Seine Befehle den zentrifugalen Kreisen der
Milchstraßen.
Seine Gebote sind wie Fixsterne,
die ihren Platz einhalten,
ihre Geschwindigkeit
und ihre Entfernung,
deren Wege sich tausendmal kreuzen
und die doch nie zusammenstoßen.

Gerecht sind die Urteile des Herrn
und nicht das Ergebnis von Meinungsumfragen,
ihr Wert übersteigt Dollars und Aktien.

Bewahre mich vor dem Hochmut der Geldherrschaft und
der politischen Macht,

so werde ich gefeit sein gegen Kriminalität
und Kapitalverbrechen an der Menschheit.

Möge Dir angenehm sein, was ich sage und singe,
Herr,
mein Befreier.

Ernesto Cardenal

Nur eine Quelle bin ich,
 die aus unendlicher Tiefe in die Unendlichkeit fällt,
Nur ein Strahl, der vom Jenseits der Welt
 in ein anderes Jenseits wandert.

Aber Du bist das Wort,
 das die Unendlichkeiten verbündet.
Du bist der Regenbogen
 über dem Nichts unserer Einsamkeit.
In Dir allein ist Bündnis und Einheit des Getrennten.
Du nur machst die verlassenen Töne zu Musik
Und noch das stürzende Schicksal zum Hymnus.

Sage ich »Du«, so meine ich Dich, o Logos,
Sage ich »Welt«, so rufe ich Dich, o Wort.
Was ich auch sage, es ist Wort vom Worte.
Umarme ich die Blitz-gehärtete Kiefer,
 so drücke ich Dich,
 o Wort, an mein Herz.
Ruft mich die Sonne zum Tagwerk,
 so wartet sie des Wortes in mir,
Das Du bist, o Herr.
In Dir allein ist Geborgenheit.
Deine Unendlichkeit trägt uns
Wie der Odem des Weltalls
 den diamantenen Staub der Sterne.
Zu jedem Geheimnis bist Du die Botschaft,
Zu jeder Inschrift die Verheißung.

Und dennoch hat Dich die Welt vergessen.
Wähnt das Atom, sich selbst auszusprechen?
Dünkt sich der Vogel ein Meister,
 nur weil er vor Sehnsucht glüht?
Und was ist der Mensch,
 daß er eine Welt von tönernen Geschöpfen aufbaut,
 als wär' er ein Gott?

Du bist die Farbe des Atoms,
der Gesang des Vogels
und das Können des Meisters.
Du bist die Glut aller Sinfonien,
Das wahre Bildnis aller Gemälde,
Die einzige Formel,
aus der alle Formeln geboren werden.

Siegfried Müller-Markus

Schön erscheinst du im Lichtberg des Himmels,
Lebender Sonnestern, der du lebtest am Anfang.
Aufgehst du im östlichen Lichtberg,
Jedes Land erfüllst du mit deiner Schönheit.
Groß bist du, funkelnd über jedem Lande,
Jedes Land umarmt deine Strahlen
Bis zum letzten Ende alles von dir Erschaffnen ...

Der du Frucht werden läßt in den Frauen,
Der du Samen schaffst in den Männern,
Der du im Mutterleib den Sohn am Leben erhältst,
Der du ihn beruhigst, so daß er nicht weint,
O du Amme im Leibe,
Der du jedem Geschöpf Atem zum Leben gibst,
Wenn es seine Mutter verläßt, am Tag seiner Geburt,
An dem es atmen will:
Du öffnest dann auch seinen Mund zum Sprechen
Und du erschaffst ihm, wessen es bedarf.
Das Junge im Ei spricht schon in der Schale,
Du gibst ihm ja Luft drinnen zu leben,
Du hast dem Ei die Frist gesetzt zu zerbrechen,
So kommt es aus dem Ei zu seiner Frist
Und läuft draußen auf seinen Füßen ...

Du hast Millionen von Gestalten gemacht
Aus dir allein,
Städte, Dörfer und Äcker, Weg und Fluß.
Alle Blicke erblicken dich.
Auch in meinem Herzen bist du,
Keiner kennt dich wie dein Sohn Echnaton,
Du hast ihn eingeweiht in deine Kraft.
Die Erde liegt auf deiner Hand,
Und die Menschen leben in deinem Aufgang,
Sie sterben in deinem Untergang.
Aufgeschaut wird, wenn du steigst,
Die Arbeit wird hingelegt, wenn du sinkst,
Alle Arme rühren sich bei deinem Licht,

Und in jedem Fuß ist Eile, seit du die Erde gründetest.
Du läßt sie wachsen für deinen Sohn,
König Echnaton und für die Königin Nefer-neferu-Aton-Nefretéte.

Aus dem Sonnengesang des Echnaton (Amenophis IV.; um 1400 v. Chr.)

In deinem Lichtleib, Herr! erblick ich alle Götter
Und der lebend'gen Wesen großes Heer;
Brahma, den Herrn im Lotuskelche sitzend,
Und alle Weisen und die Götterschlangen.

Mit vielen Armen und unzähligen Brüsten
Und Augen, seh' ich dich Unendlicher.
Da ist kein Anfang, Mitte oder Ende.
Von dir, o Herr, du Allumfassender!

Du trägst die Krone, Stern' und Himmelsstraßen,
Ein Meer von Glanz, nach allen Seiten strahlend.
Es blendet mich dein Licht, das sonnengleich
Nach jeder Richtung seine Strahlen sendet.

Du bist der eine, du das höchste Ziel
Der Selbsterkenntnis und das Herz des Alls,
Der Hüter des unsterblichen Gesetzes,
Der ew'ge Grund von allem was da ist.

Ohn' Anfang, ohne Mitte, ohne Ende,
Ewig in deiner Kraft und deinem Tun;
Die Sonne und der Mond sind deine Augen,
Es glänzt dein Angesicht wie Feuerschein.

Du füllst den Weltenraum mit deinem Licht,
Und deine Liebe wärmt das ganze All,
Denn alle Himmel und die Weltregionen
Sind voll von dir und deiner Herrlichkeit ...

Gebet an Krishna, Bhagavadgita XI.

Hymnus an die Sonne

Schweig, o Äther, in heiliger Ruh,
Schweiget ihr Berg, schweiget ihr Täler,
Erd und Meer und Windeshauch;
Schweiget ihr Tön' und Vogelgesänge.
Nieder will steigen zu euch daher,
Phöbos, lockengeschmückt, Phöbos, der Fürst.

Vater der lichthellblickenden Eos,
Der du den rosigen Wagen dahintreibst,
Unter geflügelter Rosse Spur,
Hochprangend im Schmuck goldnen Gelocks,
Über des Himmels unendlichen Rücken;
Flechtend den vielfach gewundenen Strahl,
Ziehst du des Lichts segenvoll Netz
Rings um die Länder des Erdenrunds.

Dich gebären die Ström' unsterblicher Gluth,
Vielersehnter Tag! und es tanzt
Dir der Gestirne heiterer Chor
Über den Olympus dahin, o Herrscher,
Stets dir singend ein heiliges Lied,
Ergötzt von des Phöbos Lyraklang.
Voran dir wandelt die bleiche Selene,
Unter Orion, dem Führer des Chors,
Auf dem Gespann schwerwandelnder Rinder.

Dionysius von Alexandrien (um 270 v. Chr.)

Hymnus an die Erde

Erde, du Mutter Aller, du Festgegründete, singen
Will ich, Älteste dich, du aller Lebenden Amme!
Allen, welche das Land betreten, die Wasser bewohnen,
Gibst du Nahrung aus deiner Füll, und dem Fittiggeschlechte,
Kinderselig und reich an Früchten ist alles, o Hehre,
Nur von dir! Dein ist, dem sterblichen Menschen zu geben
Und zu rauben das Leben, ihn, den du mit segnenden Blicken
Anschaust, wohl dem Beglückten! ihm mangelt keine der Haben,
Seine Felder schwellen mit lebenernährenden Saaten,
Mastvieh weidet auf seiner Trift, es starren von Prunke
Seine Häuser, er herrscht in den Städten voll blühender Weiber,
Herrscht mit mildem Gesetz. Ihm folgen Segen und Reichtum.
Jünglinge jauchzen umher, von junger Freude belebet,
Blühende Jungfraun spielen in Reigentänzen und pflücken
Freudigen Herzens, Blumen der Wiese und kränzen das Haar sich.
Ach beglücke sie ferner, du hehre segnende Göttin!
Heil dir Mutter der Götter, o Weib des sternebesäten
Himmels! Gib mir zum Lohne des Gesangs ein ruhiges Leben!

Homerischer Hymnus an die Mutter aller, um 700 v. Chr.

Lobe den Herrn, meine Seele!
Herr, mein Gott, wie groß bist du!
Du bist mit Hoheit und Pracht bekleidet.
Du hüllst dich in Licht wie in ein Kleid,
du spannst den Himmel aus wie ein Zelt.
Du verankerst die Balken deiner Wohnung im Wasser.
Du nimmst dir die Wolken zum Wagen,
du fährst einher auf den Flügeln des Sturmes.
Du machst dir die Winde zu Boten
und lodernde Feuer zu deinen Dienern.
Du hast die Erde auf Pfeiler gegründet;
in alle Ewigkeit wird sie nicht wanken.
Einst hat die Urflut sie bedeckt wie ein Kleid,
die Wasser standen über den Bergen.
Sie wichen vor deinem Drohen zurück,
sie flohen vor der Stimme deines Donners.
Da erhoben sich Berge und senkten sich Täler
an den Ort, den du für sie bestimmt hast.
Du hast den Wassern eine Grenze gesetzt,
sie dürfen sie nicht überschreiten;
nie wieder sollen sie die Erde bedecken.
Du läßt die Quellen hervorsprudeln in den Tälern,
sie eilen zwischen den Bergen dahin.
Allen Tieren des Feldes spenden sie Trank,
die Wildesel stillen ihren Durst daraus.
An den Ufern wohnen die Vögel des Himmels,
aus den Zweigen erklingt ihr Gesang.
Du tränkst die Berge aus deinen Kammern,
aus deinen Wolken wird die Erde satt.
Du läßt Gras wachsen für das Vieh,
auch Pflanzen für den Menschen, die er anbaut,
damit er Brot gewinnt von der Erde,
und Wein, der das Herz des Menschen erfreut,
damit sein Gesicht von Öl erglänzt
und Brot das Menschenherz stärkt.
Die Bäume des Herrn trinken sich satt,
die Zedern des Libanon, die er gepflanzt hat.

In ihnen bauen die Vögel ihr Nest,
auf den Zypressen nistet der Storch.
Die hohen Berge gehören dem Steinbock,
dem Klippdachs bieten die Felsen Zuflucht.
Du hast den Mond gemacht als Maß für die Zeiten,
die Sonne weiß, wann sie untergeht.
Du sendest Finsternis, und es wird Nacht,
dann regen sich alle Tiere des Waldes.
Die jungen Löwen brüllen nach Beute,
sie verlangen von Gott ihre Nahrung.
Strahlt die Sonne dann auf, so schleichen sie heim
und lagern sich in ihren Verstecken.
Nun geht der Mensch hinaus an sein Tagwerk,
an seine Arbeit bis zum Abend.
Herr, wie zahlreich sind deine Werke!
Mit Weisheit hast du sie alle gemacht,
die Erde ist voll von deinen Geschöpfen.
Da ist das Meer, so groß und weit,
dann ein Gewimmel ohne Zahl: kleine und große Tiere.
Dort ziehen die Schiffe dahin,
auch der Leviátan, den du geformt hast, um mit ihm zu spielen.
Sie alle warten auf dich,
daß du ihnen Speise gibst zur rechten Zeit.
Gibst du ihnen, dann sammeln sie ein;
öffnest du deine Hand, werden sie satt an Gutem.
Verbirgst du dein Gesicht, sind sie verstört;
nimmst du ihnen den Atem, so schwinden sie hin
und kehren zurück zum Staub der Erde.
Sendest du deinen Geist aus, so werden sie alle erschaffen,
und du erneuerst das Antlitz der Erde.
Ewig währe die Herrlichkeit des Herrn;
der Herr freue sich seiner Werke.
Er blickt auf die Erde, und sie erbebt;
er rührt die Berge an, und sie rauchen.
Ich will dem Herrn singen, solange ich lebe,
will meinem Gott spielen, solange ich da bin.

Möge ihm mein Dichten gefallen.
Ich will mich freuen am Herrn.
Doch die Sünder sollen von der Erde verschwinden,
und es sollen keine Frevler mehr dasein.
Lobe den Herrn, meine Seele!
Halleluja!

Psalm 104

Sei gelobt, mein Herr,
mit all deinen Kreaturen.
Sonderlich mit der hohen Frau,
unserer Schwester Sonne,
die den Tag macht und mit der du uns leuchtest.
Schön und strahlend im mächtigen Glanz,
ist sie dein Sinnbild, du Höchster!

Sei gelobt, mein Herr,
durch Bruder Mond und die Sterne.
Du hast sie am Himmel geformt
klar, kostbar und schön.

Sei gelobt, mein Herr,
durch Bruder Wind, durch Luft und Gewölk,
durch heitres und jegliches Wetter.
Alle Kreatur belebst du durch sie!

Sei gelobt, mein Herr,
durch Schwester Wasser.
Sie ist so nützlich, gering, köstlich und keusch.

Sei gelobt, mein Herr,
durch Bruder Feuer.
Durch ihn erhellst du die Nacht,
schön ist er, heiter und kraftvoll und stark.

Sei gelobt mein Herr,
durch unsere Schwester Mutter Erde.
Sie ernährt und versorgt uns
und zeitigt allerlei Früchte,
farbige Blumen und Gras.

Sei gelobt, mein Herr,
durch unseren Bruder, den Leibestod.
Kein Lebender kann ihm entrinnen.
Weh denen, die sterben in Todessünden!

Selig, die sterben,
geborgen in deinem heiligsten Willen!
Der zweite Tod vermag nichts wider sie.

Lobet und preist meinen Herrn,
danket und dient ihm in großer Demut! –

Franz von Assisi (1182–1226)

Man kann auch beten in einer Sprache, die einen überfordert. Und darum kann auch dieses mein Gebet mit den Worten des heiligen Franziskus gehört werden von dir, dem Schöpfer aller Dinge, dieser schönen Welt. Amen.

Karl Rahner

Halleluja!
Lobet den Herrn vom Himmel her,
lobt ihn in den Höhen:
Lobt ihn, all seine Engel,
lobt ihn, all seine Scharen;
lobt ihn, Sonne und Mond,
lobt ihn, all ihr leuchtenden Sterne;
lobt ihn, alle Himmel
und ihr Wasser über dem Himmel!
Loben sollen sie den Namen des Herrn;
denn er gebot, und sie waren erschaffen.
Er stellte sie hin für immer und ewig,
er gab ihnen ein Gesetz, das sie nicht übertreten.
Lobet den Herrn, ihr auf der Erde,
ihr Seeungeheuer und all ihr Tiefen,
Feuer und Hagel, Schnee und Nebel,
du Sturmwind, der sein Wort vollzieht,
ihr Berge und all ihr Hügel,
ihr Fruchtbäume und alle Zedern,
ihr wilden Tiere und alles Vieh,
Kriechtiere und gefiederte Vögel,
ihr Könige der Erde und alle Völker,
ihr Fürsten und alle Richter auf Erden,
ihr jungen Männer und auch ihr Mädchen,
ihr Alten mit den Jungen!
Loben sollen sie den Namen des Herrn;
denn sein Name allein ist erhaben,
seine Hoheit strahlt über Erde und Himmel.
Seinem Volk verleiht er Macht,
das ist ein Ruhm für all seine Frommen,
für Israels Kinder, das Volk, das ihm nahen darf.
Halleluja!

Psalm 148

O edelstes Grün,
du wurzelst in der Sonne,
strahlst auf in leuchtender Helle
in einem Kreislauf,
den kein irdisches Sinnen begreift:
Du bist umfangen
von den Umarmungen der Geheimnisse Gottes.
Du schimmerst auf wie Morgenrot,
du glühst in der Sonne Flammen!

O strahlendheller Edelstein,
der Sonne lichter Glanz,
es strömt in dich ein
der Springquell aus des Vaters Herz,
sein einzig Wort,
durch das den Urschoß aller Welt er schuf,
den Eva hat erschüttert.
Dies Wort hat, Vater, dir den Menschen zubereitet.
Darum bist du der lichte Schoß,
aus dem dies Wort die Kräfte all verströmt,
wie aus dem Urschoß führte es ins Sein
die ganze Kreatur.

Hildegard von Bingen (1098–1179)

Te Deum

Deine Stimme spricht:
Großer Gott meines Lebens,
ich will dir lobsingen an allen drei Ufern deines einigen Lichts!
Ich will mit meinem Lied
ins Meer deiner Herrlichkeit springen:
unterjauchzen will ich in den Wogen deiner Kraft!
Du goldener Gott deiner Sterne,
du rauschender Gott deiner Stürme,
du flammender Gott deiner feuerspeienden Berge,
Du Gott deiner Ströme und deiner Meere,
du Gott aller deiner Tiere,
du Gott deiner Ähren und deiner wilden Rosen;
Ich danke dir, daß du uns erweckt hast, Herr,
ich danke dir bis an die Chöre deiner Engel,
Sei gelobt für alles, was da lebt!
Du Gott deines Sohnes,
großer Gott deines ewigen Erbarmens,
großer Gott deiner verirrten Menschen,
Du Gott aller, die da leiden, du Gott aller, die da sterben,
brüderlicher Gott auf unsrer dunklen Spur:
Ich danke dir, daß du uns erlöst hast, Herr,
ich danke dir bis an die Chöre deiner Engel,
Sei gelobt für unsre Seligkeit!
Du Gott deines Geistes,
flutender Gott in deinen Tiefen von Liebe zu Liebe,
Brausender bis hinab in meine Seele,
Wehender durch alle meine Räume,
Zündender durch alle meine Herzen,
Heil'ger Schöpfer deiner neuen Erde:
Ich danke dir, daß ich dir danke, Herr,
ich danke dir bis an die Chöre deiner Engel:
Gott meiner Psalmen, Gott meiner Harfen,
großer Gott meiner Orgeln und Posaunen,

Ich will dir lobsingen
   an allen drei Ufern deines einigen Lichts!
Ich will mit meinem Lied
   ins Meer deiner Herrlichkeit springen:
   unterjauchzen will ich in den Wogen deiner Kraft!

Gertrud von le Fort

Von deinem Licht ward der Verstand verstört,
Und ward von Scham unwissend und betört.
Kommst du im Frühling sichtbarlich gegangen,
So lüftest du den Schleier von den Wangen,
Du wirfst zur Erde des Gesichtes Glanz
Und schmückst den Staub mit holden Bildern ganz.
Der Frühling kommt mit Blüten allzuhauf,
Vor deinem Antlitz wallt die Rose auf.
Sieh, wie die Rose nach dir sehnend lacht!
Daher kommt ihrer vielen Farben Pracht.
Narzissen setzt du Kronen auf aus Gold,
Juwelenschmuck aus Wolken auf sie rollt.
Trägt Veilchen deines Klosters Ordenskleid
Und senkt den Kopf so tief aus Trennungsleid.
Die Lilie will mit jeder Zunge loben
Dich, Herr, und trägt deshalb das Haupt erhoben.
Ihr Herzblut trinken Tulpen, die dich lieben,
Die Wang ist bleich, Ihr Herz blutrot geblieben.
Nach dir sich sehnend, ist verwirrt ihr Sinn,
Sie werfen sich in deinen Staub nun hin.
Wie man dich auch beschreibe, es ist voll Fehle –
Gewiß weiß ich: du bist der Seele Seele! …

Feridaddin Attal (um 1200)

Rhapsodie

Ich lasse Dich nicht Du segnest mich denn
Ich lobpreise ich lobsinge
Ich lobe Dich in Deinen Monden in Deinen
schmalen wiegenden messingfarbenen Monden
die meine Nacht klar machen
Ich lobe Dich ich preise Dich in Deinen
Sonnen die übereinanderwogen in Deinen
dürstenden Horizonten
Ich preise Dich in Deinen Wiesen in Deinen
süßen unberührten wehenden Wiesen in Deinen
purpurnen Augustwiesen
Ich lobsinge Dir in Deinem flammenden Wald
in Deinem Wald über ihm die wandernden
leichten damastenen Wolken
Ich bete Dich an in allen Deinen Geschöpfen
in Deinen flüchtigen hellen ängstlichen blinden
einsamen holden Geschöpfen

Friederike Mayröcker

JEDER FUSSBREIT IST HEILIG

Der Himmel ist in dir

Halt an, wo laufst du hin, der Himmel ist in dir;
Suchst du Gott anderswo, du fehlst ihn für und für.

Die Ledigkeit ist wie Gott

Mensch, wo du ledig bist, das Wasser quillt aus dir
Sowohl als aus dem Brunn der Ewigkeit herfür.

Ohne Warum

Die Ros ist ohn Warum; sie blühet, weil sie blühet,
Sie acht' nicht ihrer selbst, fragt nicht, ob man sie siehet

Du selbst mußt Sonne sein

Ich selbst muß Sonne sein, ich muß mit meinen Strahlen
Das farbenlose Meer der ganzen Gottheit malen.

Mensch, werde wesentlich

Mensch, werde wesentlich: Denn wann die Welt vergeht,
So fällt der Zufall weg. Das Wesen, das besteht.

Wirst du nicht auch bewegt

Die Sonn erregt das All, macht alle Sterne tanzen.
Wirst du nicht auch bewegt, gehörst du nicht zum Ganzen.

Die Rose

Die Rose, welche hier dein äußres Auge sieht,
Die hat von Ewigkeit in Gott also geblüht.

Angelus Silesius (1624–1677)

Gebet an den jungen Zedernbaum

Schau mich an, Freund!
Ich bin gekommen, dich um dein Kleid zu bitten.
Du gibst uns alles, was wir brauchen –
dein Holz, deine Rinde, deine Äste
und die Fasern deiner Wurzeln,
denn du hast Erbarmen mit uns.
Du bist gern bereit, uns dein Kleid zu geben.
Ich bin gekommen, dich darum zu bitten,
Spender langen Lebens,
denn ich will ein Körbchen für Lilienwurzeln aus dir
machen.
Ich bitte dich, Freund, zürne mir nicht
und trag mir nicht nach,
was ich jetzt mit dir tun werde.
Und ich bitte dich, Freund,
erzähle auch deinen Freunden,
worum ich zu dir gekommen bin.
Beschütze mich, Freund!
Halte Krankheit fern von mir,
damit ich nicht in Krankheit oder Krieg umkomme, o
Freund!

Gebet der Kwakiutl

Ho! Sonne, Mond und Sterne, ihr alle, die ihr im Himmel wandert,
Ich bitte euch, hört auf mich!
In eure Mitte ist ein neues Leben gekommen.
Stimmt zu, ich flehe euch an!
Macht seinen Pfad glatt, damit es den Rand des ersten Hügels erreicht!

Ho! Ihr Winde, Wolken, Regen, Nebel, die ihr alle in den Lüften wandert,
Ich bitte euch, hört auf mich!
In eure Mitte ist ein neues Leben gekommen.
Stimmt zu, ich flehe euch an!
Macht seinen Pfad glatt, damit es den Rand des zweiten Hügels erreicht!

Ho! Ihr Hügel, Täler, Flüsse, Seen, Bäume, Gräser, ihr alle auf der Erde,
Ich bitte euch, hört auf mich!
In eure Mitte ist ein neues Leben gekommen.
Stimmt zu, ich flehe euch an!
Macht seinen Pfad glatt, damit es den Rand des dritten Hügels erreicht!

Ho! Ihr Vögel groß und klein, die ihr fliegt in der Luft,

Ho! Ihr Vierfüßler groß und klein, die ihr wohnt im Wald,

Ho! Du kleines Gewürm, das da kriecht im Grase und gräbt im Grund,
Ich bitte euch, hört auf mich!
In eure Mitte ist ein neues Leben gekommen.
Stimmt zu, ich flehe euch an!
Macht seinen Pfad glatt, damit es den Saum des vierten Hügels erreicht!

Ho! Ihr alle im Himmel, in der Luft und auf Erden:
Ich bitte euch alle, hört auf mich!
In eure Mitte ist ein neues Leben gekommen.
Stimmt zu, stimmt zu, ihr alle, ich flehe euch an!
Macht seinen Pfad glatt, damit es ungehindert wandern mag
über die vier Hügel!

Sioux-Indianer bei der Geburt eines Kindes

Der grosse Baumwollbaum

Von all den zahlreichen Völkern, die immer aufrecht stehen, bist du, o rauschender Baumwollbaum, auf geheimnismäßige Weise erwählt worden; du wirst nun zum Mittelpunkt von unseres Volkes heiligem Reifen gehen, und dort sollst du das Volk darstellen und wirst uns den Willen von Uakan-Tanka erfüllen helfen. Du bist ein gütiger und ein schöner Baum; auf dir haben die geflügelten Völker ihre Familien aufgezogen; von der Spitze deiner hohen Zweige bis hinunter zu deinen Wurzeln haben die geflügelten und die vierbeinigen Völker ihre Heimstätten errichtet. Wenn du dich in der Mitte des heiligen Reifens erhebst, wirst du das Volk sein, und du wirst sein wie die Pfeife, dich erstreckend vom Himmel bis zur Erde. Der Schwache wird sich an dich lehnen, und für das ganze Volk wirst du eine Stütze sein. Mit den Spitzen deiner Zweige wirst du die heiligen roten und blauen Tage halten. Du wirst stehen, wo sich die vier heiligen Pfade kreuzen – dort wirst du die Mitte der großen Mächte des Weltalls sein. Mögen wir, die Zweifüßler, stets deinem Beispiel folgen, denn wir sehen, daß du immerzu aufwärts in den Himmel schaust! Bald, und mit allen Völkern der Welt, wirst du in der Mitte aufragen; allen Wesen und Dingen wirst du das bringen, was gut ist. Hetschetu uelo!

Aus dem Sonnentanz der Ogalalla-Sioux

An einen jungen toten Hirsch

Es tut mir leid, daß ich dich töten mußte, kleiner Bruder!
Aber ich brauche dein Fleisch, denn meine Kinder hungern.
Vergib mir, kleiner Bruder!
Ich will deinen Mut, deine Kraft und deine Schönheit ehren
– sieh her: ich hänge dein Geweih an diesen Baum;
jedesmal, wenn ich vorüberkomme, werde ich an dich
denken und deinem Geist Ehre erweisen.
Es tut mir leid, daß ich dich töten mußte; vergib mir,
kleiner Bruder!
Sieh her, dir zum Gedenken rauche ich die Pfeife, verbrenne
diesen Tabak.

Jimalee Burton, eine Cherokee-Indianerin, 1974

Siddhartha bückte sich, hob einen Stein vom Erdboden auf und wog ihn in der Hand.

»Dies hier«, sagte er spielend, »ist ein Stein, und er wird in einer bestimmten Zeit vielleicht Erde sein, und wird aus Erde Pflanze werden, oder Tier oder Mensch. Früher nun hätte ich gesagt: ›Dieser Stein ist bloß ein Stein, er ist wertlos, er gehört der Welt der Maja an: aber weil er vielleicht im Kreislauf der Verwandlungen auch Mensch und Geist werden kann, darum schenke ich auch ihm Geltung.‹ So hätte ich früher vielleicht gedacht. Heute aber denke ich: dieser Stein ist Stein, er ist auch Tier, er ist auch Gott, er ist auch Buddha, ich verehre und liebe ihn nicht, weil er einstmals dies oder jenes werden könnte, sondern weil er alles längst und immer ist – und gerade dies, daß er Stein ist, daß er mir jetzt und heute als Stein erscheint, gerade darum liebe ich ihn, und sehe Wert und Sinn in jeder von seinen Adern und Höhlungen, in dem Gelb, in dem Grau, in der Härte, im Klang, den er von sich gibt, wenn ich ihn beklopfe, in der Trockenheit oder Feuchtigkeit seiner Oberfläche. Es gibt Steine, die fühlen sich wie Öl oder wie Seife an, und andere wie Blätter, andre wie Sand, und jeder ist besonders und betet das Om auf seine Weise, jeder ist Brahman, zugleich aber und ebensosehr ist er Stein, ist ölig oder seifig, und gerade das gefällt mir und scheint mir wunderbar und der Anbetung würdig.«

Hermann Hesse

Die Natur spricht – er ist mein Geschöpf, und trotz all des bedrängenden Kummers soll er mit mir glücklich sein. Nicht die Sonne oder der Sommer allein, sondern jede Stunde und jede Jahreszeit zollen ihren Tribut an Wonne, denn jede Stunde und jeder Wechsel entspricht einer unterschiedlichen Gemütsverfassung und rechtfertigt sie vom windstillen Mittag bis zur finstersten Mitternacht. Die Natur bietet eine Ausstattung, die zu einem Lustspiel ebenso gut paßt wie zu einem Trauerspiel. Bei gutem Befinden wird die Luft zu einem Labsal unglaublicher Wunderkraft. Wenn ich über eine kahle Gemeindewiese schreite, durch Schneepfützen stapfe, in der Dämmerung unter bedecktem Himmel wandere, ohne den Gedanken irgendeines besonderen Glücksfalles zu hegen, erfreue ich mich vollkommener Erheiterung. Fast wage ich nicht zu denken, wie glücklich ich bin. Auch streift in den Wäldern der Mensch seine Jahre ab wie eine Schlange ihre Haut, und ist, in welchem Jahre seines Lebens er auch stehen mag, doch immer ein Kind. In den Wäldern ist immerwährende Jugend. In diesen Pflanzungen Gottes herrscht Würde und Heiligkeit, eine immerwährende Festlichkeit wird bereitet, und kein Gast vermag zu erkennen, wie er in tausend Jahren ihrer überdrüssig werden sollte: In den Wäldern kehren wir zur Vernunft und zum Glauben zurück. Dort fühle ich, daß mich im Leben nichts treffen kann – keine Schande, kein Unheil (solange mir die Augen erhalten bleiben), was nicht die Natur heilen kann. Wenn ich auf dem kahlen Erdboden stehe – meinen Kopf in die heitere Luft getaucht und in den unendlichen Raum erhoben –, schwindet alle eitle Selbstgefälligkeit dahin. Ich werde zu einem durchsichtigen Augapfel; ich bin nichts; ich sehe alles; die Ströme des universellen Wesens durchwogen mich; ich bin Teil oder Splitter Gottes.

Ralph Waldo Emerson (1803–1882)

GEPLÜNDERTER GARTEN

Da sagte er:
Geh und sag diesem Volk:
Hören sollt ihr, hören, aber nicht verstehen.
Sehen sollt ihr, aber nicht erkennen.
Verhärte das Herz dieses Volkes,
verstopf ihm die Ohren,
verkleb ihm die Augen,
damit es mit seinen Augen nicht sieht
und mit seinen Ohren nicht hört,
damit sein Herz nicht zur Einsicht kommt
und sich nicht bekehrt und nicht geheilt wird.
Ich frage: Wie lange, Herr?
Er antwortete:
Bis die Städte verödet sind und unbewohnt,
die Häuser menschenleer,
bis das Ackerland zur Wüste geworden ist.
Der Herr wird die Menschen weit weg treiben;
dann ist das Land leer und verlassen.
Bleibt darin noch ein Zehntel übrig –
auch sie werden schließlich vernichtet,
wie bei einer Eiche oder Terebinthe,
von der nur der Stumpf bleibt, wenn man sie fällt.
[Ihr Stumpf ist heiliger Same.]

Jesaja 6,9–13

Meine Verzweiflung

Herr,
es steht schlimm um uns:

Raketen in Ost und West,
Bauprojekte, die überflüssig sind,
vergiftete Flüsse überall.

Krieg im Großen,
Krieg im Kleinen,
in den Städten,
auf den Straßen,
in den Häusern,
zwischen Volk und Führung,
zwischen Mächtigen und Ohnmächtigen.

Und sie bauen weiter Waffen
und sie prügeln Demonstranten.
Und wenn ich dann verzweifle,
begreift das niemand.

Deine Schöpfung haucht bald ihr Leben aus,
wenn es so weitergeht.
Und darum bitte ich dich,
Herr,
gib mir Kraft, damit ich nicht verzweifle,
und durch meine Verzweiflung neue Gewalt säe.

Gib uns den Frieden,
damit meine Kinder und Kindeskinder
auf dieser Welt auch noch leben können.

Matthias, 16 Jahre

Spruch des erschöpften Planeten

Wie der Mann bin ich, welcher von Jerusalem hinabzog nach Jericho und unter die Räuber fiel.
Sie teilten meine Kleider unter sich und warfen das Los um mein Gewand.
Wie reißende Wölfe sind sie über mich gekommen. Sie haben meine Hände und Füße durchbohrt. Alle meine Gebeine haben sie gezählt.
Mit Grausen sehe ich meinen Körper, die Haut meines Körpers und die Farbe meiner Haut. Der Pesthauch der Verzweiflung steigt aus meinen Wunden.
Sie haben meine Meere vergiftet und meine Länder zur Wüste gemacht.
Meine Speicher sind leer. Dahin ist meine Kraft. Zum Mond meines Mondes bin ich geworden.
Sie haben die Endlösung angeordnet und diesmal auch verwirklicht: Mein unfreiwilliges Striptease im globalen Varieté des kosmischen Theaters.
Sie entschieden, bevor sie begriffen hatten. Nun begreifen sie und können nicht mehr entscheiden.
Aber da ist noch ein reisender Samariter zwischen dem Äon des Hasses und dem Äon der Liebe, der uns die Erlösung versprochen hat und der sein Wort halten wird, wenn er wiederkommt als Richter und Retter wie in der Sixtina: Siegreich und nackt, weil nur mit der Ehre meiner Armut bekleidet.
Nichts, was wir denken können, ist unmöglich. Ich will Hoffnung tragen, die einzige Hülle, welche sie mir gelassen.

Franz Fassbind

Wem gehört die Erde

Psalm 2

Wem gehört die Erde?
Wem gehören Erz und Öl?
Wer kettet die Menschen
an schwere Waffen
und handelt behende
das Gleichgewicht aus?
Die Händler haben
das Sagen. Warum?

Heilig ist ihnen nur ihre Habe,
die Macht und der Friede,
solange er nützt.
In Banken und Börsen
hört man sie beten,
in Angstträumen sprechen
die Glücksvermehrungslitanei,
das Mater Unser der Ökonomie.

Der im Himmel wohnt,
kann wunderbar spotten,
der lacht, wenn er will,
diese Weltherren kaputt.
Er weckt zum Leben, wen er will.
Er gibt zum Lehen, was er will.
Die sich bergen an ihm,
können glücklich sein.

Arnim Juhre

Ich war hungrig,
und Ihr habt meine Nahrungsmittel
Eurem Vieh verfüttert.

Ich war hungrig,
und Eure Konzerne pflanzten
auf meinen besten Böden
Eure Wintertomaten.

Ich war hungrig,
und Ihr wolltet nicht
auf das Steak
aus Südamerika verzichten.

Ich war hungrig,
aber wo mein Reis für meine
tägliche Mahlzeit wachsen könnte,
wird Tee für Euch angebaut.

Ich war hungrig,
aber Ihr habt aus Zuckerrohr
und Maniok Treibstoff
für Eure Autos destilliert.

Ich war hungrig,
aber die Abwässer
Eurer Fabriken vergifteten
die Fischgründe der Erde.

Ich war hungrig,
aber mit Eurem Geld
habt ihr mir die
Nahrungsmittel weggekauft.

Ich war hungrig,
aber für Eure Schlemmer
werden exotische Früchte
auf meinem Land angebaut.

Wovor fürchtet ihr Euch denn?

Vor dem Verzicht auf
überflüssige oder
schädliche Genüsse?
Vor dem Umdenken
auf andere Bahnen?
Vor der Macht
der Politiker in der EG?
Vor der Arbeit,
die mit der vermehrten
Selbstversorgung verbunden ist?
Vor dem schiefen Blick
Eurer Nachbarn?
Wovor fürchtet Ihr Euch?

Ich war hungrig,
aber Ihr habt mir das Essen genommen!

Brasilien, 1985

Dritte Welt

Gott schuf das Weltall
und darin die Erde.
Auf dem kleinen Planeten
schufen wir Abendländer
die erste, zweite und
Dritte Welt.
Die Dritten sind nicht
die Zweiten
und erst recht nicht
die Ersten.
Die Ersten sind wir:
Wir schufen die Dritte Welt
als Zertrümmerer
alter Kulturen,
wir schufen sie
mit Unterwerfung, Raubbau
und Menschenverachtung.
Jahrhundertelang
befrachteten wir
die Schiffe mit Beute,
verteilten fremdes Eigentum,
erzwangen abendländische Tünche.
Die Dritte Welt,
geplünderter Garten,
betäubte Wunde der Erde,
erwacht
geschüttelt von Krämpfen,
um endlich zu leben.
Wir sind an der Reihe
den ersten Platz
zu verlassen.

Christa Peikert-Flaspöhler

Im Januar

Jede Nacht
überfällt mich dieser Alptraum:
ich lege meinen Kopf in eine Guillotine
deren Fallbeil zittert, doch nicht fällt
weil die Todesstrafe im Land
ja abgeschafft worden ist.
Die Guillotine wird zum Joch
und ich recke meinen Nacken
ziehe einen Karren, brülle und schreie:
»Unabhängigkeit oder Tod«
als wäre ich der Kaiser am Ipiranga-Fluß.
Die Furcht vor der festgesetzten Stunde
lehnt sich auf gegen die tägliche Unterwerfung.

Jede Nacht
in meiner Hängematte schaukelnd
träume ich eine Welt
in der wir mit den Maiskolben
auch die Bündel im Rinnstein entblättern;
ich erfinde mit leiser Stimme
den Gesang eines Kontinents
ohne menschlichen Ausschuß
wo alle notwendig sind.

Noch ist es zu früh, um die Erde zu pflügen
und das Kornfeld zu bestellen.
Ich muß den Löschkalk meines Worts
über die Leichen der Lüge werfen.
Noch ist es zu früh zu fröhlichem Lärmen.
Es ist eine Zeit kleiner und saurer Trauben.
Der Fluß steigt und niemand weiß bis wohin.
Noch ist es Januar.

Paulo Suess

die stoßtrupps
der menschheit
zum mond haben
nichts anderes auf
die erde
gebracht als
totes gestein und
falben sand.
auch unsere
signalkörper
auf anderen planeten
sagen uns:
kein leben auf
anderen gestirnen,
keine flucht ins
universum möglich.
wir sollten uns
mehr auf unsere
erde
besinnen
und sie
als unsere einzige
besser
behandeln.

Josef Reding

IHR SITZT IM GEFÄNGNIS

Dankgebet eines unverzagt entwickelten Christenmenschen und Pharisäers

Ich danke dir, o Herr, daß du mich
nach deinem unerforschlichen Ratschluß
auf dieser Hälfte der Erde
hast zur Welt kommen lassen
und nicht in den Dürregebieten der Sahelzone,
im volkreichen Überschwemmungsgebiet des Gangesdeltas,
an irgendeinem Punkt des Wüstengürtels,
aus dem die Erdölquellen munter für uns sprudeln,
oder auf den kargen Höhen der Anden,
wo ich mich bei einer durchschnittlichen
Lebenserwartung von fünfunddreißig Jahren,
doch ohne jede Erwartung an das Leben,
vielleicht in den Tiefen einer Kupfermine
langsam zu Tode rackern müßte.

Peter Heisch

Macht euch die Erde untertan.
Gen 1,28

Herr,
wir haben getan wie du gesagt hast
– zuerst die harmlose Zähmung des Grases,
des Steins, des Feuers, des Wassers
und aller Elemente,
– dann die heimliche Beobachtung der Vögel,
des Laubes, des Lichtes
und der Grenzen des Horizontes,
– ferner die Verschwörung mit fremden Mächten
und das Stehlen von den Bäumen
der Erkenntnis des Guten und des Bösen
– und dann
war die Unterwerfung von Wäldern und Flüssen
nur mehr die Frage einiger Jahrhunderte.

Und heute,
wo die Unfreiheit des Menschen
in jedes Gewebe eingedrungen ist,
träumen wir von Systemen,
die vorteilhaft sind für uns,
und bemühen uns um Floskeln wie:
Die Erde – der Planet der Menschen.

Kazimierz Wójtowicz

Mich ekelt mein Leben an

Zum Ekel ist mein Leben mir geworden,
ich lasse meiner Klage freien Lauf,
reden will ich in meiner Seele Bitternis.
Ich sage zu Gott: Sprich mich nicht schuldig,
laß mich wissen, warum du mich befehdest.
Nützt es dir, daß du Gewalt verübst,
daß du das Werk deiner Hände verwirfst,
doch über den Plan der Frevler aufstrahlst?
Hast du die Augen eines Sterblichen,
siehst du, wie Menschen sehen?
Sind Menschentagen deine Tage gleich
und deine Jahre wie des Mannes Tage,
daß du Schuld an mir suchst,
nach meiner Sünde fahndest,
obwohl du weißt, daß ich nicht schuldig bin,
und keiner mich deiner Hand entreißt?
Deine Hände haben mich gebildet, mich gemacht;
dann hast du dich umgedreht und mich vernichtet.
Denk daran, daß du wie Ton mich geschaffen hast.
Zum Staub willst du zurückkehren mich lassen.
Hast du mich nicht ausgegossen wie Milch,
wie Käse mich gerinnen lassen?
Mit Haut und Fleisch hast du mich umkleidet,
mit Knochen und Sehnen mich durchflochten.
Leben und Huld hast du mir verliehen,
deine Obhut schützte meinen Geist.
Doch verbirgst du dies in deinem Herzen;
ich weiß, das hattest du im Sinn.
Sündige ich, wirst du mich bewachen,
mich nicht freisprechen von meiner Schuld.
Wenn ich schuldig werde, dann wehe mir!
Bin ich aber im Recht, darf ich das Haupt nicht erheben,
bin gesättigt mit Schmach und geplagt mit Kummer.
Erhebe ich es doch, jagst du mich wie ein Löwe
und wendest deine Wunderkraft gegen mich.

Neue Zeugen stelltst du gegen mich,
häufst deinen Unwillen gegen mich,
immer neue Heere führst du gegen mich.
Warum ließest du mich aus dem Mutterschoß kommen,
warum verschied ich nicht, ehe mich ein Auge sah?
Wie nie gewesen wäre ich dann,
vom Mutterleib zum Grab getragen.
Sind wenig nicht die Tage meines Lebens?
Laß ab von mir, damit ich ein wenig heiter blicken kann,
bevor ich fortgehe ohne Wiederkehr
ins Land des Dunkels und des Todesschattens,
ins Land, so finster wie die Nacht,
wo Todesschatten herrscht und keine Ordnung,
und wenn es leuchtet, ist es wie die tiefe Nacht.

Ijob 10,1–22

Anti-Bergpredigt

Verraten sind die Armen,
denn sie haben nichts einzubringen.

Verraten sind die Leidtragenden,
denn sie sind ausgeschlossen
aus der Gesellschaft.

Verraten sind die Sanftmütigen,
denn sie werden an die Wand gedrückt werden.

Verraten sind, die hungern und dürsten nach der
Gerechtigkeit,
denn Macht geht vor Recht und Geld regiert die Welt.

Verraten sind die Barmherzigen,
denn Undank ist der Welt Lohn.

Verraten sind,
die reinen Herzens sind,
denn sie werden übers Ohr gehauen.

Verraten sind die Friedfertigen,
denn sie werden zwischen die Fronten geraten.

Verraten sind, die um der Gerechtigkeit willen verfolgt
werden,
denn am Ende ist doch alles umsonst.

Heinz Zahrnt

Die Weißen verderben unser Land, sie machen die ganze Natur seufzen. Sie schneiden die Kräuter mit langen Messern, sie verderben die Kräuter, und die Kräuter weinen. Sie töten die Bäume mit mörderischem Eisen, sie tun den Bäumen unrecht, und die Bäume weinen. Sie reißen die Eingeweide der Erde auf, sie tun der Erde weh, und die Erde weint. Sie vergiften das Wasser unserer klaren Flüsse und machen es trübe, die Fische sterben, und die Fische und Flüsse weinen. So seht ihr: die Fische und Flüsse weinen, die Bäume weinen, die Erde weint, die Wiesenkräuter weinen – ja die ganze Natur machen die Weißen seufzen. Oh, die Undankbaren! Auch sie wird Strafe ereilen!

Kenekuk, Häuptling der Sauk, etwa 1840

was rufst du um hilfe, törichter? Ich helfe dir nicht. du hast dir selbst geholfen.
erwählt, geprüft, verbündet mit der allmacht, wie du sie verstehst, hast du aus deiner winzigen weltecke die erde erobert. du hast die zeichen deines sieges und die zeichen der vernichtung in die flanken der berge, in den schoß der erde, auf die linien des wassers geschrieben. und nun, da du mit deiner siegerfahne auf den leichen stehst, da du dich einsam fühlst und von der zukunft verlassen, willst du von Mir die alten verheißungen einfordern.

warum forderst du? Ich fordere nichts von dir.
Ich fordere Meine blauwale, Meine laufvögel, Meine schmetterlinge und zedern nicht zurück, Meine flüsse und Meine kohle. Ich fordere nicht einmal Meine huronen, tasmanier, pruzzen und australier; ja, nicht einmal Meine geliebten und frommen diener, die du auf scheiterhaufen verbranntest in Meinem namen.
sie gehören alle dir. du stehst auf ihnen, du hast ihre kadaver in die brunnen deiner welt geworfen und klagst nun, daß das wasser faul ist.

was habe Ich dir versprochen, was du dir nicht selbst holen wolltest?
du hast geschrien: geh fort, solange Du da bist, bin ich ein untertan, Du kannst nicht wollen, daß ich untertan bin.
Ich ging also fort, Ich gab dich frei. Ich bin abwesend, weil du es so willst. was schreist du also, daß du in Meinem Auftrag gehandelt, daß du Mir vertraut hast? Ich habe dir alles überlassen – auch die vorsorge für dich selbst.

aber was hast du mit Meiner abwesenheit gemacht?
du hast Mich einen finster-weisen natur-baal genannt; und du selbst warst den deinen ein finster-dummer moloch.
du bist kein untertan mehr, aber den deinen bist du ein

pfähler und röster, brauchst ihre qualen, um dich deiner herrschaft zu freuen.
solange du gefressen wurdest, hast du die welt des fressens und gefressenwerdens unerträglich gefunden. nun frißt du selbst, frißt und frißt, und schreist darüber, daß du nun vielleicht doch gefressen wirst.

du schreist; ich allein bin nach Deinem bild und gleichnis gemacht! Ich aber sage dir: an dir allein ist es, bild und gleichnis zu werden.
du schreist: der Himmel ist nicht für die vögel da, die weltgeschichte nicht für die abkömmlinge von schimpansen. Ich aber sage dir: kein Himmel, der nicht für die vögel da ist, war und ist je für dich da; und ferner: was du dem geringsten Meiner schimpansen, deiner brüder, antust, das hast du dir selbst getan; und abermals: wenn du nicht wirst wie der geringste dieser schimpansen, wirst du nicht in das Reich eingehen.

du fragst: wo ist dieses Reich, das Du mir versprochen hast? Ich aber sage dir: das Reich, das paradies, ist in dir und um dich, und du hältst deine augen, daß du es nicht sehen mußt.
du fragst: ist nicht alles auf meine freiheit, mein Glück, meine befriedigung allein angelegt? und Ich sage dir: glück für einen allein gibt es nicht.
du fragst: wo ist das Neue Jerusalem, wo sind die zedertore, wo die edelsteinernen türme? Ich aber sage dir: zweimal zwei ist vier, du hast Meine zedern für deine hurenhäuser gebraucht und Meine edelsteine deinen huren umgehängt, Ich fordere sie nicht zurück, aber zweimal zwei ist vier. soll Ich, der Abwesende, wunder wirken, die du dem Anwesenden nicht glaubtest?

du fragst: hast Du mir nicht den Sohn geschickt mit der Verheißung einer Zukunft, die alle meine zurüstungen übersteigt? Ich aber sage dir: Er hat dir ein beispiel gegeben, daß du tust, wie Er getan hat. geh hin, gib deine untertanen frei und diene, wie Er gedient hat: diene deinen brüdern und schwestern sonne, mond, ochs, esel, schimpansen, ameisen, bäumen, regen und tau.

wen habe Ich je erwählt, den anderes erwartet hat als dienen?
gedenk, daß du staub bist und zum staub zurückkehrst.
dann – kannst du Mein Sohn sein.

Carl Amery

Die Weißen haben niemals Achtung vor dem Land gehabt, und das Schicksal von Hirsch oder Bär ist ihnen gleichgültig. Wenn wir Indianer ein Tier töten, essen wir alles auf. Wenn wir Wurzeln ausgraben, machen wir kleine Löcher. Wenn wir Häuser bauen, graben wir kleine Löcher. Wenn wir wegen der Heuschrecken Gras abbrennen, zerstören wir dabei nichts. Wir schütteln die Eicheln und Nüsse von den Bäumen. Wir schneiden die Bäume nicht um. Wir verwenden nur totes, dürres Holz. Aber die weißen Menschen pflügen die Erde auf, fällen die Bäume, vernichten alles. Der Baum sagt: »Tu es nicht! Du fügst mir Schmerz zu. Verletz mich nicht!« Aber sie fällen und zerschneiden ihn. Der Geist des Landes haßt sie. Sie sprengen Bäume mitsamt ihren Wurzeln und verwunden die Erde. Sie sägen die Bäume in Stücke. Sie tun ihnen Leid an. Wir Indianer verletzen nichts und niemanden, aber die Weißen zerstören alles. Sie sprengen die Felsen und verstreuen sie weit über die Erde. Der Fels sagt: »Tu es nicht! Du fügst mir Schmerz zu.« Aber die Weißen kümmern sich nicht darum. Wie kann der Geist der Erde die Weißen lieben? Überall, wo der weiße Mann die Erde berührt hat, ist sie krank.

Wintu-Indianerin, etwa 1900

Die letzten sieben Tage der Schöpfung

Am Morgen des ersten Tages beschloß der Mensch, frei zu sein und gut, schön und glücklich. Nicht mehr Ebenbild eines Gottes, sondern ein Mensch. Und weil er etwas glauben mußte, glaubte er an

die Freiheit und an das Glück, an Zahlen und Mengen, an die Börse und den Fortschritt, an die Planung und seine Sicherheit. Denn zu seiner Sicherheit hatte er

den Grund zu seinen Füßen gefüllt mit Raketen und Atomsprengköpfen.

Am zweiten Tage starben die Fische in den Industriegewässern, die Vögel am Pulver aus der chemischen Fabrik, das den Raupen bestimmt war, die Feldhasen an den Bleiwolken von der Straße, die Schoßhunde an der schönen roten Farbe der Wurst, die Heringe am Öl auf dem Meer und an dem Müll auf dem Grunde des Ozeans. Denn der Müll war aktiv.

Am dritten Tage verdorrte das Gras auf den Feldern und das Laub an den Bäumen, das Moos an den Felsen und die Blumen in den Gärten. Denn der Mensch machte das Wetter selbst und verteilte den Regen nach genauem Plan. Es war nur ein kleiner Fehler in dem Rechner, der den Regen verteilte. Als die den Fehler fanden, lagen die Lastkähne auf dem trockenen Grund des schönen Rheins.

Am vierten Tage gingen drei von vier Milliarden Menschen zugrunde. Die einen an den Krankheiten, die der Mensch gezüchtet hatte, denn einer hatte vergessen, die Behälter zu schließen, die für den nächsten Krieg bereitstanden. Und ihre Medikamente halfen nichts. Die hatten zu lange schon wirken müssen in Hautcremes und Schweinelendchen. Die anderen starben am Hunger, weil etliche von Ihnen den Schlüssel zu den Getreidesilos versteckt hatten. Und sie fluchten Gott, der ihnen doch das Glück schuldig war. Es war doch der liebe Gott!

Am fünften Tage drückten die letzten Menschen den roten Knopf, denn sie fühlten sich bedroht. Feuer hüllte den Erdball ein, die Berge brannten, die Meere verdampften, und die Betonskelette in den Städten standen schwarz und rauchten. Und die Engel im Himmel sahen, wie der blaue Planet rot wurde, dann schmutzig braun und schließlich aschgrau. Und sie unterbrachen ihren Gesang für zehn Minuten.

Am sechsten Tage ging das Licht aus. Staub und Asche verhüllten die Sonne, den Mond und die Sterne. Und die letzte Küchenschabe, die in einem Raketenbunker überlebt hatte, ging zugrunde an der übermäßigen Wärme, die ihr gar nicht gut bekam.

Am siebten Tage war Ruhe. Endlich. Die Erde war wüst und leer, und es war finster über den Rissen und Spalten, die in der trockenen Erdrinde aufgesprungen waren. Und der Geist des Menschen irrlichterte als Totengespenst über dem Chaos. Tief unten, in der Hölle, aber erzählte man sich die spannende Geschichte von dem Menschen, der seine Zukunft in die Hand nahm, und das Gelächter dröhnte hinauf bis zu den Chören der Engel.

Jörg Zink

Ihr sitzt im Gefängnis und glaubt, die Technologie des Raumzeitalters könne euch da wieder rausholen. Dabei ist nur ein Dreh in eurem Gehirn nötig. Solange ihr jener Gehirnwäsche aufsitzt, die besagt, daß die moderne Welt der natürlichen Welt nicht mehr bedarf, solange werdet ihr in eurem Gefängnis der irrationalen Weltauffassung bleiben. Der Westen ist irrational. Er folgt einer lebensfeindlichen und irrationalen Ideologie. Innerhalb dieser Ideologie finden sich keine Lösungen.

Der Tod der Wälder und das Verkümmern des Bodens sind weder höhere Gewalt noch ein Virus aus Übersee: Ihr seid die Ursache! Der Zustand ist von Menschenhand gemacht. Die Krankheit konnte sich ausbreiten, da ihr die natürliche Bindung zu jenem Körper Erde verloren habt. Die Ureinwohner der westlichen Hemisphäre haben diese Bindung nie verloren. Sie betrachteten das Land immer als Mutter; damit war ihre Bindung die eines Kindes zu seiner Mutter.

Die Erde wurde von euch infiziert, und jetzt drückt ihr euch vor der Konsequenz. Euer Verhalten könnt ihr nur korrigieren, wenn ihr euer Bewußtsein ändert. Nur ein spiritueller Umgang mit der Umwelt kann die Erde und uns noch retten.

John Mohawk Sotsisowah, Irokese, 1985

Lied vom Weltende

Am Tag des Weltendes
Summt um die Kapuzinerkresse eine Biene,
Flickt der Fischer das glitzernde Netz,
Springen im Meer die lustigen Delphine,
Junge Sperlinge krallen sich an der Rinne fest,
Und die Haut der Schlange ist golden, wie sich das gehört.

Am Tag des Weltendes
Gehen Frauen unter Sonnenschirmen übers Feld,
Schläft der Säufer am Rasenrand ein,
Rufen Gemüsehändler auf der Straße
Und das Boot mit gelbem Segel vor der Insel ist bestellt,
Der Klang der Geige hängt in der Luft
Und die Sternennacht fliegt vorbei.

Und die auf Blitze und Donnerschläge gewartet haben
Sind enttäuscht.
Und die auf Zeichen und Posaunen der Erzengel gewartet haben
Begreifen nicht, daß es bereits geschieht.
Solange Sonne und Mond sich oben drehen,
Solange die Hummel die Rose befliegt,
Solange rosige Kinder geboren werden,
Glaubt niemand, daß es bereits geschieht.

Nur der grauhaarige Greis, der ein Prophet sein könnte,
Doch er ist keiner, denn er hat anderes zu tun,
Sagt beim Anbinden der Tomaten:
Es gibt kein anderes Ende,
Es gibt kein anderes Ende.

Warschau, 1943

An jenem Tage

An jenem Tage,
der kein Tag mehr ist –
vielleicht wird er sagen:

Was tretet ihr an
mit euren Körbchen voller Verdienste,
die klein sind wie Haselnüsse
und meistens hohl?
Was wollt ihr
mit euren Taschen voller Tugenden,
zu denen ihr gekommen seid
aus Mangel an Mut,
weil euch Gelegenheit fehlte
oder
durch fast perfekte Dressur?

Habe ich euch
davon nicht befreit?

Wissen will ich:
Habt ihr die andern
angesteckt mit Leben?

Joachim Dachsel

DULDE NICHT, DASS ICH ERMATTE!

Warum zwingst du mich,
Herr,
diese Wüste zu durchqueren?
Ich quäle mich
inmitten der Dornen.
Nur eines Zeichens aber
bedarf es von dir,
daß die Wüste sich wandelt,
daß der blonde Sand
und der Horizont
und der große, stille Wind
nichts Fremdes mehr sind
und nichts Zufälliges,
sondern ein weites Reich,
durch das hindurch
ich dich erkenne.

Antoine de Saint-Exupéry

Nicht so viel Schnee wie am Südpol

Lieber Gott,
hilf den Armen,
vor allem auch in der Türkei,
damit sie nicht frieren müssen.
Hilf den Menschen in Amerika
und laß Regen kommen, damit
das Land nicht so trocken wird
und alles eingeht,
und außerdem hilf uns,
daß es hier nicht so trocken wird
wie in Amerika.
Vor allem aber –
es soll nicht so viel Schnee fallen
wie am Südpol.
Lieber Gott,
hilf den Menschen,
daß sie lesen und schreiben lernen
wie wir in Deutschland,
und hilf, daß alle mit deinem Segen
getauft werden und frei werden
von ihren Sünden.
Hilf auch, daß überall Schulen
gebaut werden, wo keine sind, und
daß die Menschen zu essen haben.
Mit den Erdbeben solltest du Schluß
machen, sonst weiß niemand mehr,
wo er noch wohnen soll …

Gebet eines Kindes

O Viracocha! Herr des Universums,
seiest du nun männlich,
seiest du weiblich,
Herr der Hitze, Herr der Zeugung!
Reicht Orakelkunst hin,
um zu erfahren, wo du weilst?
Bist du ferne, wo weilst du?
Magst du dort oben sein,
magst du sein bei deinem
Herrscherthron und Szepter,
O hör mich an!
Von der Himmelshöhe, von der Meerestiefe,
wo immer du weilst,
o Schöpfer der Welt,
o Erschaffer der Menschen,
o Herr aller Herren!
Zu dir allein, mit schwachen Augen,
voll Sehnsucht, dich zu erkennen,
komm ich zu dir,
dich zu erkennen, dich zu verstehen.
Du siehst mich, du erkennst mich.
Sonne und Mond,
Tag und Nacht,
Frühling und Winter,
sie alle eilen,
getreu deinem Befehl
von bestimmten Orten
an ihre Bestimmung;
rechtzeitig kommen sie dorthin
wo immer du befiehlst,
du hältst sie fest, – o höre mich!
Mach mich zu deinem Auserwählten!
Dulde nicht, daß ich ermatte,
daß ich sterbe!

Hymnus der peruanischen Inka

Damit unsere Herzen erleuchtet werden!

O Großer Geist, Uakan-Tanka, ich haben eben den Tag, das Licht des Lebens gesehen. Dort wo die Sonne aufgeht, hast du die Macht der Weisheit dem Morgenstern verliehen. Der Fliegende, der diesen Pfad bewacht, ist langgeflügelt, und mit den zwei heiligen Tagen, die Du, o Uakan-Tanka, ihm gegeben, hat er den Weg des Stammes überwacht. O Du, der Du diesen Pfad beherrschst, wo die Sonne aufgeht, sieh auf uns mit Deinen roten und blauen Tagen und hilf uns, unsere Stimmen Uakan-Tanka zuzusenden! O Du, der das Wissen sein nennt, gib uns etwas davon, damit unsere Herzen erleuchtet werden und wir alles, was heilig ist, erkennen mögen!
O Morgenstern, dort am Orte, wo die Sonne heraufkommt! O Du, der die Weisheit hat, nach der wir streben, hilf uns, uns und alles Volk zu reinigen, damit unsere zukünftigen Geschlechter Licht haben, wenn sie auf dem heiligen Pfade wandeln! Du führst die Morgendämmerung, wenn sie vorwärts dringt, und auch den Tag, der ihr mit seinem Lichte folgt, welches Wissen ist. Dies tust Du für uns und alle Völker der Welt, damit sie klar sehen beim Wandern auf dem Uakan-Pfad; auf daß sie alles erkennen mögen, was heilig ist, und sich auf geweihte Weise vermehren ...
Wir wollen das Süßgras als ein Opfer an Uakan-Tanka verbrennen, und sein Wohlgeruch wird sich durch den Himmel und über die Erde verbreiten; und es wird die Vierbeinigen, die Fliegenden, die Sternvölker des Himmels und alle Dinge zu Verwandten machen. Von Dir, o Altmutter Erde, die Du demütig bist, und uns wie eine Mutter trägst, wird der Duft ausgehen; möge diese Kraft durch das ganze Weltall hindurch gefühlt werden und die Füße und Hände der Zweibeinigen reinigen, damit sie über den heiligen Pfad voranschreiten mögen, die Häupter zu Uakan-Tanka erhoben!

Aus dem Reinigungsritus der Ogalalla-Sioux

Gebet der Sioux-Indianer

Großer Geist, dessen Stimme ich in den Winden vernehme, und dessen Atem der ganzen Welt Leben spendet, erhöre mich! Ich trete vor dein Angesicht als eines deiner vielen Kinder. Siehe, ich bin klein und schwach; ich brauche deine Kraft und Weisheit.
Laß mich in Schönheit wandeln und meine Augen immer den purpurroten Sonnenuntergang schauen. Mögen meine Hände die Dinge achten, die du geschaffen hast, und meine Ohren deine Stimme hören!
Mache mich weise, damit ich die Dinge erkennen kann, die du mein Volk gelehrt hast, die Lehre, die du in jedem Blatt und jedem Felsen verborgen hast.
Ich sehne mich nach Kraft, nicht um meinen Brüder überlegen zu sein, sondern um meinen größten Feind – mich selbst – bekämpfen zu können.
Mache mich stets bereit, mit reinen Händen und aufrichtigen Augen zu dir zu kommen, damit mein Geist, wenn das Leben wie die untergehende Sonne entschwindet, zu dir gelangen kann, ohne sich schämen zu müssen.

Gebet um ein waches Gewissen

Stimmt es, daß du den Regenbogen
als Zeichen des Friedens
und der Verbindung zu den Menschen
verstanden hast?
Dann schaffe am Himmel
ein solch mächtiges Zeichen,
daß es das Gewissen der Völker
erschüttert
und sie dahin führt,
den offensichtlichen Irrsinn der Kriege
und der Mißbildung
einer winzigen Welt der Reichen zu sehen,
die umschlossen und durchdrungen
von den Wassern des Elends ist.
Selbst du,
mit deinem unwiderstehlichen Blick
unendlicher Güte,
hast nicht vermocht,
das Herz des reichen Jünglings
zu bewegen.
Und dabei hatte er
von Kindheit
an deine Gebote
befolgt.
Herr, mein Herr,
laß nicht zu, daß wir
aus falscher Liebe
die schrecklichen Wahrheiten
verharmlosen,
die du den Reichen gesagt hast.

Dom Helder Camara

Psalm eines Zuckerrohrschneiders

Steh auf, Herr!
Feinde haben Feuer an die Wohnung deines Namens gelegt,
Ihre Banner an die Stirnseite unserer Großhütte geheftet.
Quellflüsse sind zu dürstender Erde vertrocknet,
Ihre Bewohner zu Gefangenen des Elends geworden.
Warum hast du uns von den heiligen Orten vertrieben,
Hast deinen Kriegern das Zeichen zum Rückzug gegeben?
Wir sind ein für nur wenige Geldstücke verkauftes Volk,
– nicht einmal Volk sind wir noch –
Bewohner von Lastwagen und Zuckerrohrfeldern,
Flüchtlinge in der Allee eines großen Friedhofs,
Beute von Zwischenhändlern in der Hungerfalle.

Herr, hab acht!
Deine Diener im Aufbruch, vor der Morgenröte,
Hasten in die Nacht hinein, auf und ab,
Wie Glühwürmchen am Flußufer.
Warum verbirgst du dein leuchtendes Angesicht?
Warum stellst du uns den Bewohnern der Finsternis gleich?
In der Mitte meines Lebens – und schon bin ich vergreist,
Meine Kraft ist ermattet in der Sklaverei,
Meine Stärke auf der Straße zerbrochen.
Meine Glieder sind feuergerötet, wie Brasilholz,
Brasilianer bin ich, Zuckerrohrschneider,
Der die Bitternis des Lebens auskostet.

Wach auf, Herr!
Öffne einen Weg durch das Zuckerrohrfeld von Bonfim,
Einen Fluchtweg für die Reste deines Stammes –
Heute Lumpen, die du einst zu Erben
Deines Ruhms erkoren hattest.
Schwing mir das Messer gegen die Verfolger,
Die herumzüngeln wie Giftschlangen,
Und führe mir den Schleifstein, um ihre Zähne
abzustumpfen!

Erkläre sie schuldig und verteidige unseren Fall,
Verloren an bestochenen Gerichtshöfen,
Die Recht sprechen im Namen des Gewinns –
Und niemand von uns weiß, wie lange noch.

Aus Brasilien, 1984

Wenn die Stunde kommt

Wenn die Stunde kommt,
wirst Du meine Wüste in reich bewässertes Land
verwandeln,
Du wirst mein Haupt mit frischem Öl salben
und Deine Kraft wird meine Schwäche überwinden.

Meine Füße wirst Du auf Deinen Spuren leiten,
und ich werde den schmalen Weg gehen,
der zu Deinem Hause führt.

Du wirst mir sagen
wann und wo
ich Deinen Pfad gehen werde,
ganz in Freude gebadet.
Einstweilen bitte ich Dich, Herr,
mache tief in meinem Herzen
die Botschaft lebendig
vom Fest des Lebens!
vom leeren Grab!
vom siegreichen Kreuz!

Auf daß Deine, des Gärtners Stimme
jeden Morgen neu meine Ohren öffne
mit der immer neuen Botschaft:
»Geh und sag meinen Brüdern,
daß ich den Tod besiegt habe,
daß für alle Platz ist
dort, wo das Neue Vaterland geschmiedet wird.
Dort, wo die Erde, die Liebe und die Freude
weder gekauft noch verkauft werden,
dort, wo Wein und Milch
ohne Geld noch Preis
von allen geteilt werden,
dort, wo alle meine kleinen Geschwister

sich wie Prinzen und Prinzessinnen
an den Tisch des Vaters setzen können.

Hämmere es mir jede Nacht wieder ein,
daß Du den besiegt hast,
der diese Welt ins Chaos stürzt.
Sag mir, daß es keine Rolle spielt,
wie bitter der Kelch der Schmerzen schmeckt,
damit das Herz endlich zu zittern aufhört;
damit diese Wüste des kalten Fortschritts
die Hoffnung nicht gefrieren läßt,
Deine Hände zu ergreifen
am Feuer
das im Gebirge wächst,
– Dein Volk ist das Gebirge!

Werde stark
in mir,
damit die tausend Ausreden,
mit denen mein Herz
dem Wesentlichen
ausweichen will,
mich nicht vergessen lassen,
daß es in Deinem Haus
immer *Brot und Wein* gibt,
daß dort, Herr,
in Deinem Hause,
die Demütigen Gerechtigkeit suchen,
Gerechtigkeit, die im Neuen Vaterland leuchten wird,
die uns schon jetzt
mit Strahlen
Deines Königreiches bescheint!

Julia Esquirél

O Herr der Welt, höre mich.
Von der Himmelshöhe, von der Meerestiefe,
wo immer du willst, Schöpfer der Welt,
Erschaffer der Menschen, Herr aller Herren.
Zu dir allein mit schwachen Augen komme ich,
voll Sehnsucht dich zu erkennen.
Du siehst mich. Du kennst mich.
Sonne und Mond, Tag und Nacht, Frühling und Winter,
sie alle eilen getreu deinem Befehl,
von bestimmten Orten an ihre Bestimmung.
Rechtzeitig gelangen sie ans Ziel,
wohin immer du befiehlst.
O höre mich an, mach mich zu deinem Auserwählten,
dulde nicht, daß ich ermatte, daß ich sterbe.

Gebet der Inkas

Hüter der ehrwürdigen Pfeife

Mein Vater,
Hüter der ehrwürdigen Pfeife!
All ihr guten Dinge der Schöpfung:
das Licht der Dämmerung,
die linden Lüfte,
das Holz,
die Erde,
die Tiere –
hört gut zu,
all ihr Geschöpfe
über der Erde
und in den Wassern!
Möge dieses Volk
lange leben
und sich vermehren.
Mögen unsere Jungen und Mädchen,
unsere Kinder aller Altersstufen,
unsere Männer und Frauen
und alle Ältesten
stark werden
und zunehmen an Kraft.
Schöpfer-Gott,
wir bitten um diesen Segen
für unser Essen.
Wir erbitten all das
für unsere Leute;
vor allem bitten wir
um das Wachstum der Liebe
in unseren Herzen
und um ein glückliches Leben
in Frieden und Harmonie.

Indianer, Nordamerika

Kyrie eleison

Wir sterben Tode,
Tag für Tag,
verspüren Ängste
Nacht für Nacht.
Wir wollen leben,
wollen frei sein:
Herr, erbarme dich.

Wir suchen Hoffnung
Tag für Tag,
ersehnen Frieden
Nacht für Nacht.
Wir wollen hoffen,
wollen atmen:
Christ, erbarme dich.

Wir brauchen Liebe
Tag für Tag,
erbitten Hilfe
Nacht für Nacht.
Wir wollen lieben,
wollen geben:
Herr, erbarme dich.

Bernd Donath

MORGEN IST WIEDER EIN TAG

Alles hat seine Stunde. Für jedes Geschehen unter dem Himmel gibt es eine bestimmte Zeit:
eine Zeit zum Gebären
und eine Zeit zum Sterben,
eine Zeit zum Pflanzen
und eine Zeit zum Ernten ...
Einen Vorteil des Menschen gegenüber dem Tier gibt es nicht. Beide sind Windhauch ...
Beide sind aus Staub entstanden, beide kehren zu Staub zurück. Wer weiß, ob der Atem des Menschen wirklich nach oben steigt, während der Atem der Tiere ins Erdreich hinabsinkt?

Denk an deinen Schöpfer in deinen frühen Jahren,
ehe die Tage der Krankheit kommen und die Jahre dich erreichen,
von denen du sagen wirst: Ich mag sie nicht!,
ehe Sonne und Licht und Mond und Sterne erlöschen ...,
ja ehe die silberne Schnur zerreißt,
die goldene Schale bricht,
der Krug an der Quelle zerschmettert wird,
das Rad zerbrochen in die Grube fällt,
der Staub auf die Erde zurückfällt als das was er war,
und der Atem zu Gott zurückkehrt,
der ihn gegeben hat!

Kohelet 3,1–2.19–21; 12,1–2.6–7

Und Gott führte die Drohung nicht aus

Das Wort des Herrn erging zum zweitenmal an Jona: Mach dich auf den großen Weg, und geh nach Ninive, in die große Stadt, und droh ihr all das an, was ich dir sagen werde. Jona machte sich auf den Weg und ging nach Ninive, wie der Herr es ihm befohlen hatte. Ninive war eine große Stadt vor Gott; man brauchte drei Tage, um sie zu durchqueren. Jona begann, in die Stadt hineinzugehen; er ging einen Tag lang und rief: Noch vierzig Tage, und Ninive ist zerstört! Und die Leute von Ninive glaubten Gott. Sie riefen ein Fasten aus, und alle, groß und klein, zogen Bußgewänder an. Als die Nachricht davon den König von Ninive erreichte, stand er von seinem Thron auf, legte seinen Königsmantel ab, hüllte sich in ein Bußgewand und setzte sich in die Asche. Er ließ in Ninive ausrufen: Befehl des Königs und seiner Großen: Alle Menschen und Tiere, Rinder, Schafe und Ziegen, sollen nichts essen, nicht weiden und kein Wasser trinken. Sie sollen sich in Bußgewänder hüllen, Menschen und Tiere. Sie sollen laut zu Gott rufen, und jeder soll umkehren und sich von seinen bösen Taten abwenden und von dem Unrecht, das an seinen Händen klebt. Wer weiß, vielleicht reut es Gott wieder, und er läßt ab von seinem glühenden Zorn, so daß wir nicht zugrunde gehen.
Und Gott sah ihr Verhalten, er sah, daß sie umkehrten und sich von ihren bösen Taten abwandten. Da reute Gott das Unheil, das er ihnen angedroht hatte, und er führte die Drohung nicht aus.

Jona 3, 1–10

Dies ist mein Gott

Dies ist mein Gott, lieb und fröhlich,
ich lebe unter Ameisen, er unter Engeln,
gemeinsam teilen wir unsere Eindrücke mit.
Wir haben uns hinter dem Dorf
auf der Waldlichtung getroffen,
von den Wanderungen ermüdet,
im Fluß nass geworden,
sehnsuchtsvoll, unbefangen,
wie die Liebe zu einer Frau.

Wir flüsterten, die Nächte waren still,
wir flüsterten ein Requiem
über dem toten Schwimmkäfer,
weil seine Kinder auch meine Kinder sind.
Allen grossen Doktoren sind wir eine grosse Antwort,
Eine Fliege sitzt auf meinen Hirtenhänden
ich schreibe mein kleines Gedicht,
und die Fliege fliegt nicht weg.

Miroslav Merkl

Sehr schön ist alles, wohl, Herr Vater, wohl ...
Ein wenig nur macht mich die Erde traurig,
weil ich kein Tier bin, das dies anders fühlt:
Den Staub, den Regen, einen Schilfschaftstengel
und das Geräusch des Windes in den Blättern –
und dann vor allem: Deine Sonne!
Ob dich das Huhn im warmen Sand dort liebt?
Nicht so wie ich einmal dich lieben möchte
nach langem Denken, nein, gedankenlos,
im Hirn nicht mehr als in dem Hühnerherzen
und in den Fransen seiner schwarzen Federn.
Wohl meine Hände, wohl, die sind schon weit –
besonders wenn sie auf der Bank da liegen,
auf diesem rohen sonnenwarmen Holz,
und unter ihm die Kraft der Nesseln spüren.
Das ist schon Liebe oder doch beinah
ein Anfang Liebe, eine Spur von Da-Sein,
das in dir da ist, hinter allen Namen,
unangesprochen anspruchslos und einig
mit allen Kräften dieser guten Erde
und nicht erwägend, ob dies Freude sei,
einfach sich freuend.

Christine Lavant

Woher wüßten wir, wie wir leben sollen, wenn wir nicht an etwas glaubten, das größer ist als wir? Wer würde uns lehren zu leben? Wer sagt dem Baum, wann die Zeit ist, seine kleinen Blätter auszutreiben? Wer sagt diesen Drosseln da, daß es warm geworden ist und sie wieder nach Norden fliegen können? Vögel und Bäume hören auf etwas, das weiser ist als sie, von sich aus würden sie es niemals wissen.

Oft sitze ich allein in der Wüste und schaue die Lilien an und all die kleinen rosa Blüten und frage mich: »Wer hat euch gesagt, daß es Frühling ist und ihr blühen sollt?« Und ich denke und denke nach, und immer komme ich auf dieselbe Antwort: Das was größer ist als wir, lehrt alle Lebewesen, was sie tun sollen. Wir sind wie die Blumen, wir leben und wir sterben, und aus uns selbst heraus wissen wir nichts. Aber das, was größer ist als wir, lehrt uns – lehrt uns, wie wir leben sollen.

Chiparopai, eine Yuma-Indianerin

Gott, du bist mein Vater,
du bist meine Mutter.

Jetzt werde ich schlafen
unter deinen Füßen,
unter deinen Händen,
du Herr der Berge und der Täler,
du Herr der Bäume
und aller Schlinggewächse.

Morgen ist wieder ein Tag.
Morgen ist wieder das Sonnenlicht.
Ich weiß nicht, was dann sein wird.
Meine Mutter und mein Vater
wissen es auch nicht.

Nur du, Gott, siehst mich.
Du hütest mich auf jedem Weg,
in jeder Dunkelheit,
vor jedem Hindernis,
du mein Herr,
du Herr der Berge und Täler.

Du weißt, was ich heute gesagt habe,
ob es gut war oder böse,
ob es zu wenig war
oder zu viel.
Du aber vergibst mir
alle meine Verfehlungen.

Abendgebet der Sioux-Indianer

O Herr der Welt,
dir singe ich.
Alles blüht um mich her,
und die Welt ist gesegnet und voll Freude.
Dir singe ich!
Wie glänzt jetzt der Tau,
wie jubeln alle die bunten Vögel,
der Gesang der Zwitschernden tönt überall.
Alle singen dir zu Ehren,
dem Erschaffer des Alls, dir, der Gott ist.

Du allein
bist die Quelle des Gesanges,
denn das Lied wurde im Himmel geboren.
Ach, nur im Himmel läßt seine Stimme strahlen
der liebliche Vogel der Götter,
und die heiligen Vögel jubeln im Wechselgesang
zum Preise des, der die Welt geschaffen.

Mein Herz hört die Stimmen,
und ich will alle dunklen Schleier
der Vergangenheit den Winden geben,
damit auch mein Seufzen aufsteigt
in den unendlich leuchtenden Himmel,
hoch hinauf, und mitklingt,
wo die gelben Kolibris singen
zum Preise des Gottes der Himmel.

Ach, ich will nicht weinen auf Erden.
Verfällt nicht das Haus irdischer Träume?
Ach, ich weiß, was immer die Erde trägt,
muß enden, wie hier unser Leben endet.
Laß mich singen zu dir, du Grund des Alls,
im Himmel möge meine Seele dir singen,
daß du sie freundlich ansiehst,
du, durch den wir leben.

Altmexikanischer Hymnus

Widerstand

Vertrocknete Blume des Sertão
scheinbar ohne Leben
dem Geröll übergeben
Opfer, vom Tode gezeichnet.

Jedoch ganz unten
am verdorrten Wurzelstock
die Knospe eines Lächelns
errötend
unbewaffnet
verkündet es
den Widerstand des Lebens
das stärker ist.

Paulo Suess

Weil Du uns die Stimme gibst

Weil Du uns die Stimme gibst,
müssen wir sprechen,
wir müssen sprechen
mit Deinem Mund
und die Mauern der Ichsucht
täglich durchbrechen.

Für alle sind Sonne und Meer
geschaffen,
die köstliche Quelle,
Acker und Wald.
Allen sollen die Früchte
der Erde reifen,
die Blumen duften,
die Lieder erklingen.

Weil Du uns die Stimme gibst,
müssen wir sprechen ...

Besitz und Freude
sind nicht für die einen
und für die andern
Armut und Tod,
Dein Bild lebt in allen,
zum Lachen und Lieben,
zum Trauern und Trösten
sind alle geboren.

Weil Du uns die Stimme gibst,
müssen wir sprechen ...

Noch bauen wir Häuser
vom Brot Unbehauster,
noch essen wir Früchte,
die uns nicht gehören.

Wir blicken die Macht,
das Geld und uns selbst an
und nicht
Dein ausgezehrtes Gesicht.

Weil Du uns die Stimme gibst,
müssen wir sprechen,
wir müssen sprechen
mit Deinem Mund
und die Mauern der Ichsucht
täglich durchbrechen.

Christa Peikert-Flaspöhler

Auf drei Saiten

Akkord

Die Knochen der Verhungerten
Die Toten der Gewalt
Vor deiner Schwelle
Wer weiß wo
Ob du noch lebst
Hinter Sternstaub
Ein Herr
Der sterben läßt
Und Fragen abwehrt
Mit Sonnenblenden
Niemand
Als jener
Den du am Kreuz fragen
Und sterben ließest
Weiß Antwort
Vielleicht
In seinen Brüdern
Die fragen
Und sterben
Weiter

Abgesang

Die Schaumlippen der Meere
Sind giftig geworden
Erbarme dich
Ihrer stockenden Gesänge
Es tragen die Wolken
Falsche tödliche Farben
Erbarme dich
Ihrer Gestalt
Der Erde
In ihrem atemlosen Staub
Erbarme dich
Meiner

Erbarme dich
Wenn ich sehe
In blinder Furcht
Höre
In taubem Schmerz
Deine Gegenwart
Ist der fallende Stern

Aufgesang
Zwischen Dunkel und Sturm
Preise ich deine Ferne
Weil sie mir Hoffnung gibt
Du
Jenseits Dunkel und Sturm
Kannst auffangen
Das Geworfene
Uns
Die Erde
Die rieselnden Gestirne
Durch Dunkel und Sturm
Irgendwo hält deine Hand
Die fressenden Nächte an

Inge Meidinger-Geise

Über die Gräber jeglicher Kriege,
über verbrannte Erde,
muß weiterwachsen lebendiges Gras:
Gras voller Blumen,
Gras, um zu weiden,
Gras für die Füße,
Gras für die Träume,
über die Gräber jeglicher Kriege
muß weiterwachsen lebendiges Gras.

In die verwundeten Herzen der Menschen,
in die verätzten Augen,
muß weiterfallen heilender Tau:
Tau voller Hoffnung,
Tau der Versöhnung,
Tau für den Frieden,
Tau für die Zukunft,
in die verwundeten Herzen der Menschen
muß weiterfallen heilender Tau.

Aus unserm eigenen Leiden und Schulden,
aus gestundetem Haben,
muß auferstehen das Mit-euch-Sein:
mit euch für Freiheit,
mit euch für Frieden,
mit euch für Leben,
mit euch für Zukunft,
aus unserm eigenen Leiden und Schulden
muß auferstehen das Mit-euch-Sein

Christa Peikert-Flaspöhler

Denn schon erschaffe ich einen neuen Himmel
und eine neue Erde.
Man wird nicht mehr an das Frühere denken,
es kommt niemand mehr in den Sinn.
Nein, ihr sollt euch ohne Ende freuen und jubeln
über das, was ich erschaffe.
Denn ich mache aus Jerusalem Jubel
und aus seinen Einwohnern Freude.
Ich will über Jerusalem jubeln
und mich freuen über mein Volk. Nie mehr hört man dort lautes Weinen
und lautes Klagen.
Dort gibt es keinen Säugling mehr,
der nur wenige Tage lebt,
und keinen Greis,
der nicht das volle Alter erreicht;
wer als Hundertjähriger stirbt, gilt noch als jung,
und wer nicht hundert Jahre alt wird,
gilt als verflucht.
Sie werden Häuser bauen und selbst darin wohnen,
sie werden Reben pflanzen
und selbst ihre Früchte genießen.
Sie bauen nicht,
damit ein anderer in ihrem Haus wohnt,
und sie pflanzen nicht,
damit ein anderer die Früchte genießt.
In meinem Volk werden die Menschen so alt
wie die Bäume.
Was meine Auserwählten mit eigenen Händen erarbeitet haben,
werden sie selber verbrauchen.
Sie arbeiten nicht mehr vergebens,
sie bringen nicht Kinder zur Welt für einen jähen Tod.
Denn sie sind die Nachkommen der vom Herrn Gesegneten
und ihre Sprößlinge zusammen mit ihnen.
Schon ehe sie rufen, gebe ich Antwort,
während sie noch reden, erhöre ich sie.

Wolf und Lamm weiden zusammen,
der Löwe frißt Stroh wie das Rind
[doch die Schlange nährt sich vom Staub].
Man tut nichts Böses mehr
und begeht kein Verbrechen
auf meinem ganzen heiligen Berg, spricht der Herr.

Jesaja 65,17–25

HERR,
WIR DANKEN DIR

Lieber Gott,
du weißt alles,
du siehst alles,
du bist überall dabei!
Du weißt auch,
wofür alles gut ist,
und warum manche Dinge
nicht so laufen,
wie wir sie gerne hätten.
Du bist unser Bruder,
und du hast auch Verständnis
für unsere Schwächen.
Du kennst uns ganz genau
und wirst uns auch helfen,
wenn wir dich brauchen.
Du bist immer da,
wenn wir was sagen wollen,
und zu dir dürfen wir allezeit
kommen, auch wenn wir es eilig haben.
Lieber Gott,
dir dürfen wir alles erzählen,
und du hast uns immer lieb.
Das ist sehr lieb von dir!
Dafür will ich dir danken
in alle Ewigkeit.
Bleib, bitte, wie du bist.
Ich will es auch versuchen …

Gebet eines Kindes

Jahwe ist mein Hirte, ich leide nicht Not;
auf grünender Weide läßt er mich lagern.
Er führt mich an Wasser der Ruhe,
Erquickung spendet er meiner Seele.
Er leitet mich auf dem rechten Pfad,
getreu seinem Namen.
Und muß ich auch wandern im finsteren Tale,
ich fürchte kein Unheil, denn du bist bei mir.
Dein Stock und der Hirtenstab,
die geben mir Zuversicht.
Du hast einen Tisch mir bereitet
vor den Augen der Feinde.
Du salbest mein Haupt mit Öl,
mein Becher ist gefüllt bis zum Rande.
Es geleiten mich deine Gnade und Huld
durch alle Tage des Lebens.
Und wohnen darf ich im Hause Jahwes
für immerwährende Zeiten.

Psalm 23

Wir danken unserer Mutter, der Erde, die uns ernährt. Wir danken den Flüssen und Bächen, die uns Wasser geben. Wir danken den Kräutern, die uns ihre heilenden Kräfte schenken. Wir danken dem Mais und seinen Geschwistern, der Bohne und dem Kürbis, die uns am Leben erhalten. Wir danken den Büschen und Bäumen, die uns ihre Früchte spenden. Wir danken dem Wind, der die Luft bewegt und Krankheiten vertreibt. Wir danken dem Mond und den Sternen, die uns mit ihrem Licht leuchten, wenn die Sonne untergegangen ist. Wir danken unserm Großvater He-no, der uns, seine Enkelkinder, schützt und uns seinen Regen schenkt. Wir danken der Sonne, die freundlich auf die Erde herabschaut.
Vor allem danken wir dem Großen Geist, der alles Gute in sich vereint und alles zum Wohl seiner Kinder lenkt.

Gebet der Irokesen

Ein Mensch darf Gott für alles danken

Wenn ich müde bin
vom Weg zu den Sternen,
um den Menschen in der Nacht
ein bißchen Licht zu holen,
dann setze ich mich in die Stille,
und ich finde dich, mein Gott!
Dann lausche ich der Quelle,
und ich höre dich.

Ganz tief in mir selbst
und in allem, was um mich ist,
spüre ich ein großes Geheimnis.
Gott,
für mich bist du ganz nah;
für mich bist du da,
spürbar, greifbar gegenwärtig.
Gegenwärtig bist du in mir,
mehr als die Luft in meinen Lungen,
mehr als das Blut in meinen Adern.

Gott, mein Gott,
ich glaube an dich.
So wie der Blinde an die Sonne glaubt,
nicht weil er sie sieht,
sondern weil er sie spürt.

Lieber Gott,
in Jesus hast du mich spüren lassen,
wieviel du von mir hältst.
Was mich bewegt, ist Dankbarkeit.
Wie sehr du mich liebst!
Deine Liebe zu mir hast du
in die ganze Natur gelegt
und in die Menschen, die um mich sind.

Du bist ein Gott der Liebe.
Mit tausend Händen streichelst du mich.
Mit tausend Lippen küßt du mich.
Mit tausend Früchten speist du mich.
Ein Löffel goldgelber Honig beim Frühstück:
dafür hast du Tausende von Bienen
Tausende von Stunden fliegen lassen,
tausend Blumen blühen,
und die Sonne ließest du scheinen,
denn bei Regen fliegen Bienen nicht.

Lieber Gott,
alles hast du mir gegeben,
alles, was ich habe,
und alles, was ich bin.
Mit tausend Flügeln trägst du mich.
Bei dir bin ich zu Hause
wie ein Kind.

Lieber Gott,
nicht zu fassen ist die Freude,
die ich so unverdient genießen darf.
In Tagen der Angst und Not
läßt du mich erfahren,
was die Propheten
vor Jahrhunderten schon wußten,
daß du mich auf deinem Rücken trägst.
Mit zwei Händen hältst du mich fest.
In Tagen der Schwäche und Sünde
hinterläßt du immer
Heimweh in meinem Herzen
wie eine tiefe Wunde,
und sie wird erst heilen,
wenn mein Herz
wieder in deiner Hand liegt.

Gott, du hast mir ein Wort gesagt,
es macht mir alles klar,
es ist ein Trost, der nicht stirbt
und der mich niemals verläßt –
es ist das eine Wort,
mir tief ins Herz gesprochen:
»Nicht ihr habt mich erwählt,
sondern ich habe euch erwählt.«

Du hast mich zuerst geliebt.
Seit ich bin, hast du mich geliebt.
Mit unendlicher Geduld
hast du mich in deinem Dienst gehalten.
Ich bin ein kleines Stückchen Glas,
deine Liebe soll den Menschen darin leuchten.
Ein Stückchen Glas,
so manches Mal vom Alltagstrott verstaubt,
verdreckt von den Stürmen des Lebens.
Aber jedesmal hast du es wieder
siebzig Mal siebenmal rein gewaschen
im warmen Regen deiner Barmherzigkeit,
und du hast es zärtlich in deine Sonne gelegt,
damit es leuchtender denn je
mitspielt im ewigen Spiel der Liebe
zwischen dir und den Menschen.

Gott,
aus Scherben machst du
Spiegel deiner Liebe.
Lieber Gott,
alles hast du mir gegeben.
Gib mir noch eins:
ein dankbares Herz.

Phil Bosmans

Frühling

Alles blüht, lebt und duftet,
Graswurzeln stoßen durchs Trottoir,
die Knospen an den Bäumen springen auf,
über die Felder weht ein leichter Hauch.

In aller Frühe künden Vögel den Frühling,
den Frühling besingt das Wasser im Bach …
Ich denke wieder an die Grabesstätte,
die für immer leer geworden ist.

Ich denke an den weggerollten Stein,
den Engel mit dem flammenden Gesicht
und an die Worte: »Er ist auferstanden!«
die die Verbindung zum liebenden Vater sind.

Christus ist auferstanden und lebt heute!
Durch Christus ist der Tod endgültig besiegt!
Die Kraft von Christi Auferstehung
ist den Gläubigen ewig gegeben.

Den Frühling besangen heute die Vögel.
Den Frühling besingt auch die Seele mein.
Im April belebt sich wieder die Erde,
mit Christus werde ich ewig lebendig sein.

Aus dem Russischen

Betrachtung nach dem Erwachen

Welch Wunder ist die Dämmerung!
Die Erde rollt,
die Sonne taucht im Vorschein aus der Nacht
gemach und sacht,
der Tag ist überjung
so,
wie der Mensch im Embryo.

Der Silberstreifen,
dann die Röte drängt.
O erste Herrlichkeit,
bereit,
hervorzugeben aus dem All
den Feuerball,
der unser Leben speist mit Flut
zu Bild und Stoffprozeß und Wohlbehagen,
zu jedem Mut!

In rhythmisch wandelloser Treu,
in saubrer, sichrer Ordnung aller Bahnen
geschieht uns das,
auch der Natur, ihr angemessen,
vorab dem Gras.

Im heilig-stillen Raum
steigt zart der Vogellaut,
und etwas später klingt das Frühgeläute – –

Ich grüße Dich und danke Dir,
Gott Schöpfer, Vater oben –
sei mit mir *heute!*

Maria Menz

Die Sperlinge haben weder Kornkammern noch Traktoren,
du aber gibst ihnen die Körner, die auf die Straße fallen,
wenn die Lastwagen zu den Silos fahren.
Dem Kolibri gibst Du den Nektar der Blumen,
weichen Reis dem Reisvogel
und Fische dem Eisvogel und seiner Gefährtin.
Die Möwen finden jeden Tag ihre Fische
und die Eule jede Nacht ihre Frösche und Mäuse.
Du bereitest dem Kuckuck sein Mahl
aus Raupen und haarigen Würmern,
Du gibst dem Raben Grillen
und der Grille, die in ihrer Höhle singt, Insekten.
Dem Sprecht gibst Du kleine rote Früchte;
viel mehr, als er zu essen vermag.
Das gestreifte Eichhörnchen hält seinen Winterschlaf,
und wenn es aufwacht, liegen seine Vorräte immer noch bereit.
Du läßt die Frühlingsblumen sich öffnen,
wenn die Schmetterlinge aus den Puppen kriechen.
Morgens öffnest Du die Blumen für die Tagschmetterlinge
und schließt sie abends, wenn sie schlafen gehen,
und wieder andere öffnest Du des Abends für die Nachtfalter,
die in dunklen Ecken den Tag verschlafen
und erst wieder ausfliegen, wenn der Abend dämmert.
Und an demselben Tag,
an dem Du die Hummel aus dem Winterschlaf weckst,
öffnest Du die Blüten der Weiden.

Ich werde den Herrn preisen, solange ich lebe –
ich werde Ihm Psalmen schreiben –
mögen meine Lieder ihm Freude machen.
Lobe den Herrn, meine Seele,
Halleluja!

Ernesto Cardenal

Deine Unendlichkeit

Groß ist unser Herr und groß seine Macht und seiner Weisheit kein Ende. Lobet ihn, Sonne, Mond und Planeten, in welcher Sprache immer euer Loblied dem Schöpfer erklingen mag. Lobet ihn, ihr himmlischen Harmonien, und auch ihr, die Zeugen und Bestätiger seiner enthüllten Wahrheiten! Und du, meine Seele, singe die Ehre des Herrn dein Leben lang! Von ihm und durch ihn und zu ihm sind alle Dinge, die sichtbaren und unsichtbaren. Ihm allein sei Ehre und Ruhm von Ewigkeit zu Ewigkeit!
Ich danke dir, Schöpfer und Herr, daß du mir diese Freude an deiner Schöpfung, das Entzücken über die Werke deiner Hände geschenkt hast. Ich habe die Herrlichkeit deiner Werke den Menschen kundgetan, so weit mein endlicher Geist deine Unendlichkeit zu fassen vermochte. Wo ich etwas gesagt habe, was deiner unwürdig ist, oder wo ich der eigenen Ehre nachgetrachtet habe, da vergib mir in Gnaden.

Johannes Kepler (1571–1630)

Jahwe! Dir bring ich Lob
in der Hast und im Dunkel
des heidnischen Tempels.
Du, Jahwe, bist unmalbar, ohne Vergleich,
unsichtbar und allgegenwärtig ...
Und ich rede über den Sinn,
meinen Sinn in deiner Welt.
Hinter mir – das Recht zu entscheiden,
die Auswahl, die Handlung,
du bist Wort und Sinn, du mein Hüter.
Ich liebe deine Gräser, Jahwe,
die Sonne und das Flüstern der Nacht,
die bisher nicht gefundene Frau,
das ungeschriebene Buch.
Ich liebe
            Düfte,
            Klänge,
            Blicke
von Blumen und Vögeln, vom Meer, von der Freiheit.
Und noch mehr liebe ich den Sinn:
daß der Baum wächst aus der Erde,
der Mann aus dem Knaben,
das Wort aus der Wahrheit.
Den Sinn des süßen Weines,
des salzigen Meeres,
der bitteren Wolke,
doch den Sinn der süßen Lüge,
den Sinn der bitteren Freiheit liebe ich nicht.
Ich entdeckte das Süße
des Stacheldrahtes,
des Uralschnees,
eines Wärterlächelns.
Ich begriff,
daß vier Monate Hungerstreik
ohne Meer und Wein
süß sein können.

In den
        Düften,
        Klängen,
        Blicken
des Konzentrationslagers
habe ich das Süße der Freiheit
erfaßt und empfunden.
Mein Wort ist aus meiner Wahrheit,
meine Wahrheit aus meinem Sinn,
aber Wort, Wahrheit, Sinn und ich selbst
sind aus deiner Welt, Jahwe.
Das Recht zu entscheiden ist hinter mir,
und ich habe gewählt.
Ohne eine Frau gefunden,
ein Buch geschrieben zu haben,
habe ich, Jahwe,
in Kälte und Gewalt
den Sinn der Freiheit gewählt.

Semjon Glusman

Psalm 23

ich bin verrückt
mit geschlossenen augen
flieh ich die straße hinunter
singe laut deinen namen der namen
ich bin verrückt
die sohlen die stimmen
surren motoren auf halbem gas
rattert die straßenbahn
laut deinen namen der namen
ob niemand ihn hört deinen schmelzenden namen
der alles auflöst im nu
und wieder erschafft blühend
geschichtengesichter verwirrend
die pißspur des hunds geranien
zum erstenmal
rot oder grün und der himmel mit wolken
ich bin verrückt
ich will das nicht sehen nicht hören

du bist eine krankheit
die bis in die knochen geht
ich bin verseucht
ich will das nicht hören nicht sehen
unheilbar von deinem heil
mein herz ist der feuerbusch
diese pfütze dieses gesicht
der himmel der feuerbusch
die leuchtschrift die uhr
ich bin verrückt
ich habe die schuhe ausgezogen
barfuß geh ich neben den autos im feuer
das sich nicht verzehrt
ich knie nicht bete nicht gehe barfuß auf heiligem Land

Ernst Eggimann

Gebunden und frei

Gebunden an Brot und Wein
und frei für Dich und die Menschen
loben wir Dich, Du unser Leben

Gebunden an Luft und Wasser
und frei für das Leben
loben wir Dich, Du unser Leben

Gebunden an Feuer und Erde
und frei für die Liebe
loben wir Dich, Du unser Leben

Gebunden an Leib und Materie
und frei für eine neue Welt
loben wir Dich, Du unser Leben

Gebunden an Sonne und Mond
und frei für Deine Verheißungen
loben wir Dich, Du unser Leben

Anton Rotzetter

IM GOTTESDIENST

Lesung aus Psalm 104 (s. Seite 37)

Eingangsgebet

Danke für die geschenkte Erde,
danke, daß sie entstanden ist.
Danke, daß sie nicht leer und dunkel
wie am Anfang ist.

Danke für unsre helle Sonne,
danke für unser Tageslicht.
Danke für Mond und alle Sterne
in der Finsternis.

Danke für Wasser, Luft und Bäume,
Danke, daß du die Schöpfung liebst.
Danke für alle Lebensräume,
die du reichlich gibst.

Danke für die geschenkte Erde,
danke, daß sie entstanden ist.
Wir woll'n gemeinsam sie erhalten,
ich und du und ihr.

Jubilate Deo, jubilate Deo. Halleluja.

Epistellesung:
Eph 4, 14 f. 22–24

Glaubensbekenntnis aus unseren Tagen:

Ich glaube, daß unsere Welt aus Gottes guten Händen
kommt –
schön und unendlich reich an Farben und Formen
wunderbar geordnet im Zusammenspiel
der Kräfte und dem Geflecht des Lebens –
Lebensraum für alle Kreaturen –
uns Menschen anvertraut, ihn zu
bebauen und zu bewahren –
noch nicht am Ziel,
sondern immer noch im Werden.

Ich glaube, daß Jesus Christus
die Hoffnung ist für unsere Welt.
Mitleidend mit allen Geschöpfen
bis hin ans Kreuz
will er in vorbehaltloser Liebe
uns dazu befreien, leben zu lernen
im Einklang mit unserem Schöpfer –
teilzuhaben an seiner Macht,
Krankes zu heilen –
Haß, Unfrieden und Resignation
zu überwinden. Als Auferstandener
will er uns erwecken zu neuem Leben.

Ich glaube an den Heiligen Geist,
der uns die Augen öffnet
für das göttliche Geschenk der Vergebung –
uns beflügelt zu klarsichtigem Handeln –
und uns zueinanderführt in der herrlichen
Freiheit der Kinder Gottes
über Parteien- und Ländergrenzen hinweg
zu gemeinsamem Tun im Dienste des Lebens
zum Lobe Gottes
in der Hoffnung auf Vollendung.

Wolfgang Lorenz/Bernhard Wolf

Lobpreis auf die Schöpfung

Lob Dir, Herr,
Lenker der Zeiten.
Durch Jesus Christus hast Du im Anfang
das All erschaffen
und das Chaos geordnet.
Durch das Firmament
die Wasser von den Wassern geschieden
und über sie Deinen lebensspendenden Atem gehaucht.
Fest war die Erde gegründet
und der Himmel darüber gespannt.
Jedem hast Du seine Grenzen gesetzt.
Nach Deinen Gedanken, o Herr,
hast Du die Welt in Pracht erschaffen,
den Himmel wie ein in Sternen strahlendes Gewölbe
uns zum Trost bei der Finsternis.
Licht und Sonne scheinen auch für den Tag
und das Gedeihen der Früchte.
Im Wachsen und Schwinden
bestimmt der Mond die Zeiträume.
Tag und Nacht erhalten ihre Namen.
Das Firmament aber wölbt sich über Abgründe.
Da befahlst Du den Wassern, sich zu sammeln,
und es erschien das Festland.
Wer aber vermag das Meer zu beschreiben?
Es stürmt mit Brausen aus dem Ozean und gleitet am Strand,
wie gebannt durch Dein Gesetz, wieder zurück.
Du sprichst, und die Wogen brechen in sich zusammen
und werden zum Weg
für kleine und große Tiere und für Schiffe.
Und die Erde sprießt in Blüten aller Art
und mannigfaltigsten Bäumen.
Die leuchtenden Gestirne ziehen
ihre Bahnen als Erhalter des Lebens
und weichen nie ab von deinen Gesetzen,

sondern steigen auf, wo Du es befohlen,
und gehen unter,
Zeit und Jahre bestimmend
und den Rhythmus der Arbeit.
Darauf entstanden die verschiedenen Arten der Tiere,
Land- und Wassertiere und die Amphibien.
Die kunstvolle Weisheit der Vorsehung
hat die verschiedenen Geschöpfe ins Leben gerufen
und sorgt nicht minder allmächtig für ihre Erhaltung.
Als Letztes hast Du
nach dem Ratschluß Deiner Weisheit
das vernünftige Wesen erschaffen,
den Erdenbewohner,
mit den Worten:
Laßt uns den Menschen machen
nach Unserem Bild und Gleichnis.
Als die Welt im kleinen hast Du ihn in die Welt gestellt,
aus den vier Elementen seinen Leib gebildet,
aus dem Nichts ihm die Seele einschaffend.
Du gabst ihm fünf Sinne
und den Geist als Lenker der Seele
und Beherrscher der Sinne ...
Dem ungehorsamen Menschen hast Du das als Lohn
verheißene Leben genommen.
Du hast ihn aber nicht völlig vernichtet,
sondern durch einen Schwur
ihn nach kurzem Todesschlaf
zu einem neuen Leben gerufen.
So hast Du das Todesurteil aufgehoben,
der Du die Toten zum Leben zurückrufst,
durch Jesus Christus, unsere Hoffnung.

Frühchristlich

Lesung
Gottes Fragen (nicht nur) an Hiob

Auf, gürte deine Lenden wie ein Mann:
ich will dich fragen, du belehre mich:
Wo warst du, als ich die Erde gegründet?
Sag es, wenn du Bescheid weißt!
Wer setzte ihre Maße? Du weißt es ja!
Wer hat die Meßschnur über ihr gespannt?
Wohin sind ihre Pfeiler eingesenkt?
Oder wer hat ihren Eckstein gelegt,
als alle Morgensterne jauchzten,
als jubelten alle Gottessöhne?
Wer verschloß das Meer mit Toren,
als schäumend es dem Mutterschoß entquoll,
als Wolken ich zum Kleid ihm machte,
ihm zur Windel dunkeln Dunst,
als ich ihm ausbrach meine Grenze,
die Riegel und die Doppeltore setzte,
und sprach: Bis hierher darfst du und nicht weiter,
hier soll zerstäuben deiner Wellen Stolz!
Gebotest je in deinem Leben du dem Morgen,
hast du dem Frührot seinen Platz bestimmt? ...
Wer zählt in Weisheit die Wolken,
wer kann des Himmels Schläuche leeren
wenn sich die Erde fügt zur harten Masse,
die Schollen aneinanderkleben?
Erjagst wohl du die Beute für die Löwin,
stillst du den Hunger ihrer Jungen,
wenn sie geduckt im Dickicht nach der Nahrung lechzen?
Wer hilft dem Raben mit Atzung,
wenn seine Jungen schreien zu Gott
und sich aufbäumen vor Hunger?
Kennst du die Wurfzeit der Steinböcke
oder die der Hirsche?
Zählst du die Monde ihrer Tragzeit,
weißt du die Stunde, da sie gebären?

Sie kauern nieder, werfen ihre Jungen
und werden ihre Wehen los.
Die Kleinen werden stark und wachsen,
sie laufen fort und kehren nicht zurück.
Mit dem Allmächtigen willst du rechten?
Wer Gott anklagt, muß ihm Antwort stehen!

Hiob 38,3–12.37–41; 39,1–4; 40,2

Evangelium

Niemand kann zwei Herren dienen; er wird entweder den einen hassen und den andern lieben, oder er wird zu dem einen halten und den andern verachten. Ihr könnt nicht beiden dienen, Gott und dem Mammon.
Deswegen sage ich euch: Sorgt euch nicht um euer Leben und darum, daß ihr etwas zu essen habt, noch um euren Leib und darum, daß ihr etwas anzuziehen habt. Ist nicht das Leben wichtiger als die Nahrung und der Leib wichtiger als die Kleidung? Seht euch die Vögel des Himmels an: Sie säen nicht, sie ernten nicht und sammeln keine Vorräte in Scheunen; euer himmlischer Vater ernährt sie. Seid ihr nicht viel mehr wert als sie? Wer von euch kann mit all seinen Sorgen sein Leben auch nur um eine kleine Zeitspanne verlängern? Und was sorgt ihr euch um eure Kleidung? Lernt von den Lilien, die auf dem Feld wachsen: Sie arbeiten nicht und spinnen nicht. Doch ich sage euch: Selbst Salomo war in all seiner Pracht nicht gekleidet wie eine von ihnen. Wenn aber Gott schon das Gras so prächtig kleidet, das heute auf dem Feld steht und morgen ins Feuer geworfen wird, wieviel mehr dann euch, ihr Kleingläubigen! Macht euch also keine Sorgen und fragt nicht: Was sollen wir essen? Was sollen wir trinken? Was sollen wir anziehen? Denn um all das geht es den Heiden. Euer himmlischer Vater weiß, daß ihr das alles braucht. Euch aber muß es zuerst um sein Reich und um seine Gerechtigkeit gehen; dann wird euch alles andere dazugegeben.
Sorgt euch also nicht um morgen; denn der morgige Tag wird für sich selbst sorgen. Jeder Tag hat genug eigene Plage.

Matthäus 6, 19–34

Zehn Gebote zum Umgang mit der Schöpfung

1. Ich bin Dein Gott. Du sollst Teil meiner Schöpfung sein und nichts darin zum Gott machen.
2. Du sollst meine Geschöpfe – Pflanzen, Tiere und Menschen – nicht verachten.
3. Du sollst meine Geschöpfe nach ihrer Art leben lassen.
4. Du sollst Ehrfurcht haben vor allem, was lebt.
5. Du sollst meine Lebewesen nicht foltern, zu Folter von Tieren nicht schweigen.
6. Du sollst meine Tiere nicht für Deinen Lebensstil leiden lassen.
7. Du sollst meinen Tieren ihren Lebensraum nicht stehlen, wenn Du meine Erde überbaust.
8. Du sollst Dich nicht »Krone der Schöpfung« nennen; denn Du hast den Frieden des Paradieses gebrochen.
9. Du sollst meine Erde nicht als Dein Warenhaus behandeln.
10. Du sollst meine Vögel, Wale, Wälder, Schimpansen, Orchideen nicht vermarkten noch Besitz ergreifen von dem, was die Erde füllt.

Gebet um die Erhaltung der Schöpfung

1. Herr, unser Leben und die Welt
sind in Gefahr geraten.
Wir haben die Natur entstellt
durch unbedachte Taten.
Wir beteten den Fortschritt an;
zum Zeichen, was er kosten kann,
wächst Gift aus uns're n Saaten.

2. Du gabst uns Forschergeist und Macht,
den Lebensraum zu pflegen.
Wir gaben wenig darauf acht
und wirkten nicht zum Segen.
Wir werden wach und merken nun,
wir dürfen, Herr, nicht alles tun,
was wir zu tun vermögen.

3. Gib, daß uns Wirtschaft und Gewinn
nicht in die Irre treiben,
daß wir uns nicht dem Sog darin
gedankenlos verschreiben.
Das Wohl des Menschenlebens nur
und die Gesundheit der Natur
muß letzter Maßstab bleiben.

4. Wir stoßen heute so wie nie
an uns'res Wachstums Grenzen.
Herr, gib uns Mut und Phantasie,
die Technik zu ergänzen
durch eine neue Lebensart,
die Güter teilt und Kräfte spart
mit allen Konsequenzen.

5. Wir Christen wollen nicht zurück
in die vergang'nen Zeiten.
Doch jeder soll an seinem Stück
die Lebensform bereiten,
die uns'ren Anspruch unbedingt
in Einklang mit der Schöpfung bringt
und ihren Wirklichkeiten.

6. Du hast die Welt uns anvertraut,
sie menschlich zu gestalten.
Wer für die Zukunft plant und baut,
muß Dein Gebot entfalten.
Wir stehen auf aus Schlaf und Traum
und sind gewillt, den Lebensraum
der Nachwelt zu erhalten.

Detlev Block, 1979

Kollektengebet

Herr, unser Gott,
die Welt, in der wir leben,
erscheint uns immer rätselhafter und bedrohlicher.
Wir haben von einer herrlichen Zukunft geträumt und fürchten uns vor einem bösen Erwachen. Woran sollen wir uns halten?

Du hast diese Welt als guten Lebensraum für alle geschaffen. Wir aber lassen zu, daß der Raum, in dem sich Leben in seiner Vielfalt entfalten kann, täglich kleiner wird. Wir wollten den Fortschritt. Wir wollten weiter schreiten in eine menschenwürdige Zukunft. Aber wir sind wie Blinde geworden, die einander nach dem Weg fragen.

Mit Haut und Haaren stecken wir in dieser Welt, die uns Angst macht. Wir leben oft von dem, was uns bedroht. Wir wollen nicht auf sichere Arbeitsplätze verzichten und auf die Annehmlichkeiten unserer Industriewelt. Aber was sind die Alternativen?

Wir haben gelernt, nicht mehr nach der Wahrheit, sondern nach den Interessen zu fragen. Wir haben uns daran gewöhnt, die Dinge des Lebens nach ihrem Geldwert zu beurteilen. Wir achten auf Kosten und Kalkulationen. Wir haben die Luft, die wir atmen, das Wasser, das wir trinken, den Boden, auf dem wir stehen, zur Handelsware gemacht. Wir sind dabei, deine Schöpfung zu vermarkten.

In uns ist das Mißtrauen gewachsen und das Vertrauen klein geworden. Im Widerstreit der Expertenmeinungen über unsere Zukunft sind wir hilflos. Wir verstehen die Welt fast nicht mehr, die wir mitgebaut haben. Wir wissen kaum noch, worum wir bitten sollen.

Du aber hast gesagt, daß wir auf deinen Geist hoffen dürfen. Wir bitten dich: Sei in deinem Wort unter uns. Amen!

Im Liederbuch des Alten Testamentes wird im Psalm 8 Gottes Schöpfung so besungen:

Wenn ich sehe die Himmel, deiner Finger Werk, den Mond und die Sterne, die du bereitet hast: was ist der Mensch, daß du seiner gedenkst, und des Menschen Kind, daß du dich seiner annimmst? Du hast ihn wenig niedriger gemacht als Gott, mit Ehre und Herrlichkeit hast du ihn gekrönt. Du hast ihn zum Herrn gemacht über deiner Hände Werk, alles hast du unter seine Füße getan: Schafe und Rinder allzumal, dazu auch die wilden Tiere, die Vögel unter dem Himmel und die Fische im Meer und alles, was die Meere durchzieht.

Fürbittengebet

Wir wollen beten. Beten ist ein Akt der Hoffnung. Wir finden uns nicht ab mit den bestehenden Verhältnissen und Verstrickungen unserer Welt.

Gott, du Schöpfer der Welt, gib uns Kraft und Mut und Beharrlichkeit, in deiner Schöpfung die Spuren der neuen Welt zu suchen. Mache uns frei von uns selbst, damit wir unsere Welt nicht länger aufs Spiel setzen.

Beten heißt: Wir rechnen damit, daß sich das menschliche Herz und die Strukturen dieser Welt verändern lassen.

Gott, unser Vater, nimm unser steinernes Herz von uns und gib uns einen neuen Geist, damit wir in einer hoffnungslosen Welt Inseln der Hoffnung, Oasen des Lebens bauen helfen.

Beten heißt: Wir wollen Verantwortung übernehmen für die Not unserer Brüder und Schwestern.

Gott, du Schöpfer der Welt, laß uns in unserem Wohlstand die andern nicht vergessen. Laß uns begreifen, daß freiwillige Einschränkungen uns neue Lebenschancen eröffnen.
Mach uns bereit, zurückzustecken.
Laß uns die Qualität des Lebens nicht mehr allein in materiellem Wohlstand suchen.

Beten heißt: Wir rufen in unserer Ohnmacht die Macht Gottes an, um uns für seinen Geist zu öffnen, um vernünftiger zu werden.

Gott, unser Vater, dein Sohn Jesus Christus hat unser Leben geteilt. Sein Weg und Wort zeigen uns, was Leben heißt, Leben für Menschen und Tiere, für Blumen und Bäume.
Hilf uns Leben erhalten.
Hilf uns, Jesus nachzufolgen.

Wir beten gemeinsam:

Vater unser

Wir erschrecken vor dem, was durch menschliche Hände, menschliches Wissen und Wirken aus ihr geworden ist: Superstädte und Flüchtlingszelte, Raketensilos und Müllhalden, Dürrezonen und tote Wälder trägt sie; wir beuten die Erde aus und schonen den Himmel nicht.

Laß uns erkennen, daß wir diese Welt, die wir aus deiner Hand empfangen haben, gestalten und bewahren sollen für unsere Kinder und für dein Reich!

Laß uns das Brot, das du uns gibst, so miteinander teilen, daß es für alle reicht, die ihre Hand ausstrecken nach deiner Güte. Wir können unsere Augen nicht länger davor verschließen, daß unsere Sicherheit und Wohlbefinden den anderen das Brot und die Schale Reis kostet, um die er heute gebetet hat. Unser Mangel an Fantasie und unsere Engherzigkeit verhindern, daß er sein Dankgebet spricht.

Laß uns mit allen Menschen arbeiten, genießen und danken für das, was du uns schenkst, jeden Tag neu!

Laß uns erkennen, daß oft schon durch die Art, wie wir unsere Welt einrichten, wie wir denken, verwalten und ordnen, der andere neben uns und in der Ferne um sein Recht gebracht wird!

Wir stehen immer wieder mit Zorn und Tränen vor all der Grausamkeit und Gewalt, Lieblosigkeit und Unterdrückung, denen wir ausgeliefert sind, die wir mit ansehen müssen und in die wir verstrickt sind. Herr, lehre uns deine Gerechtigkeit, aus der Frieden wächst!

Laß uns erkennen, welche Fülle und Möglichkeiten du uns in deinem Sohn Jesus Christus eröffnet hast!

Wir sind beschämt, wie wenig wir wirklich werden lassen, was du uns verheißen und in die Hände gegeben hast. Weder unsere Gemeinschaft noch unsere Liebe antwortet dem, was du uns gibst.

Laß uns in der Gemeinde dich loben, deinem Reich dienen und deine Herrlichkeit spiegeln, damit die Welt erkennt, was ihr zum Frieden dient, damit Gerechtigkeit und Frieden sich küssen!

1985

Zur Taufe

Das Wasser

Gott
Wasser ist etwas Köstliches
Es macht frisch und jung, wenn wir verschwitzt sind
Es macht sauber und rein, wenn wir schmutzig sind
Es stillt unsere Sehnsucht, wenn wir Durst haben
Wasser ist etwas Köstliches

Im Wasser ist Leben
Ohne Wasser welken die Blumen
Ohne Wasser sterben die Keime
Ohne Wasser verschmachten die Menschen und Tiere
Im Wasser ist Leben

Wasser ist wie Du, Gott
  köstlich und lebendig
Durch das Wasser rettest Du den Menschen
Durch das große Wasser hindurch hast Du Noah
  und seine Familie gerettet
Durch das große Wasser hindurch hast Du Moses
  und sein Volk gerettet.

Dein Sohn Jesus Christus ist köstliches Wasser
Es macht unser Herz jung und frisch
  rein und sauber
In ihm leben wir auf
In ihm entfalten sich alle Keime in uns
Durch ihn sind wir gerettet

Geist Gottes
Du ruhst auf diesem Wasser
Gib ihm die Kraft und laß es uns werden
  (+) zum lebendigen Wasser
  zu Jesus Christus, unserem Herrn
In ihm wollen wir sterben und auferstehen

In ihn wollen wir eintauchen und aufleben
Wir und dieses Kind

NN.,
Ich taufe dich
im Namen des Vaters und des Sohnes
und des Heiligen Geistes. Amen

Anton Rotzetter

Und der Herr erschien Salomo des Nachts und sprach zu ihm: ... Siehe, wenn ich den Himmel verschließe, daß es nicht regnet, oder die Heuschrecken das Land fressen oder eine Pest unter mein Volk kommen lasse und dann mein Volk, über das mein Name genannt ist, sich demütigt, daß sie beten und mein Angesicht suchen und sich von ihren bösen Wegen bekehren, so will ich vom Himmel her hören und ihre Sünde vergeben und ihr Land heilen.

Gott, Großer Geist, dein trockenes Land dürstet. Hilf uns den Weg finden, der dein Land erquickt.

Wir bitten um deine Kraft, das Land zu erquicken.

Gott, Großer Geist, deine Gewässer ersticken unter Abfall und Schmutz. Hilf uns den Weg finden, daß sie wieder rein werden.

Wir bitten um deine Erkenntnis, damit wir den Weg finden, wie sie wieder rein werden.

Gott, Großer Geist, deine schöne Erde wird häßlich, weil wir sie mißbrauchen. Hilf uns den Weg finden, der die Schönheit deiner Schöpfung wieder leuchten läßt.

Wir bitten um deine Stärke, damit wir dem Werk deiner Hände die Schönheit wieder zurückgeben.

Gott, Großer Geist, deine Geschöpfe werden vernichtet. Hilf uns den Weg finden, wie sie wieder in Fülle gedeihen können.

Wir bitten um deine Macht, damit der Reichtum der Erde wieder ersteht.

Gott, Großer Geist, die Gaben, die du uns gibst, gehen unter in Eigennutz und Vergeudung. Hilf uns, das rechte Maß unseres Menschseins wiederzufinden.

Wir bitten um deine Weisheit, damit wir Menschen in deinem Sinne werden.

Alle Schätze der Weisheit und Erkenntnis liegen in Christus bewahrt.

Alles, was in den Himmeln und was auf der Erde ist, wird zusammengefaßt werden bei der Erfüllung der Zeiten auf diese Mitte hin.

Christus spricht: Ich bin der Weg und die Wahrheit und das Leben.

Laßt uns nun unser Gebet in die vier Himmelsrichtungen schicken und uns dann wieder zur Mitte kehren. Zuerst schauen wir zur Mitte.

Stille zur Besinnung

Wir wenden uns nach Westen.
Von Westen strömen reinigende Wasser. Wir bitten, daß der Atem Gottes wieder über die Wasser wehe und sie rein mache, damit sie Leben bringen.

Wir bitten, Gott, reinige auch uns und gib uns neues Leben durch das Wasser und den Heiligen Geist.

Wir schauen wieder zur Mitte.

Stille zur Besinnung

Wir wenden uns nach Norden.
Von Norden kommt der läuternde Wind. O Gott, dich haben die Menschen Atem, Wind und Leben genannt. Wir bitten:
Läutere die Luft, die wir atmen, damit überall auf Erden das Leben gedeihen kann.

Wir schauen wieder zur Mitte.

Stille zur Besinnung

Wir wenden uns nach Osten.

Großer Gott, gib uns ein verständiges Herz:
damit wir von deiner Schöpfung nicht mehr nehmen, als wir geben,
damit wir sie nicht willkürlich zerstören nur um unserer Habgier willen,
damit wir uns nicht weigern, ihre Schönheit mit unseren Händen zu erneuern,
damit wir niemals von der Erde nehmen, was wir nicht wirklich brauchen.

Großer Gott, gib uns Herzen, die verstehen:
daß wir Verwirrung stiften, wenn wir die Musik der Erde stören; daß wir blind für ihre Schönheit werden, wenn wir ihr Angesicht verunstalten, daß wir ein Haus voll Gestank haben, wenn wir gefühllos ihren Wohlgeruch verderben.

Ja, Herr, wenn wir sorgsam mit der Erde umgehen, sorgt sie für uns.
Von Osten kommt mit der aufgehenden Sonne Erkenntnis und Weisheit. Wir bitten:

Laß uns klug werden, o Gott, im Umgang mit den Gütern der Erde; schaffe Gerechtigkeit, so daß wir geben, was an uns ist, und dankbar unseren Teil empfangen.

Wir schauen wieder zur Mitte.

Stille zur Besinnung

Wir wenden uns nach Süden.
Von Süden her führt der Weg zu Ursprung und Vollendung des Lebens. Wir bitten:
daß wir auf guten Wegen wandeln, o Gott; daß wir auf dieser Erde wie Geschwister leben; daß wir einander erfreuen, einander im Leiden ertragen und so dein Wille geschieht, der das Antlitz der Erde erneuert. Amen.

Wir schauen zur Mitte.

Stille zur Besinnung

Und ich sah einen neuen Himmel und eine neue Erde, denn der erste Himmel und die erste Erde sind vergangen, auch das Meer ist nicht mehr. Und ich hörte eine mächtige Stimme vom Throne her sprechen:
Siehe, das Zelt Gottes unter den Menschen. Und er wird bei ihnen sein Zelt aufschlagen, und sie werden seine Völker sein, und er selbst, Gott mit ihnen, wird ihr Gott sein. Und er wird abwischen jede Träne von ihren Augen, und es wird keinen Tod mehr geben, auch keine Trauer, keinen Klageschrei, keine Mühsal wird es mehr geben, denn das Frühere ist vorbei. Und der auf dem Throne saß, sprach: Siehe, ich mache alles neu!

Wir gehen hinaus mit der Hoffnung, daß Gottes Kraft in uns und auf Erden wirkt.

Jetzt, redender Gott, laufe ich mit Füßen, die dein sind, gehe ich mit Gliedern, die dir gehören, trage deinen Körper, Schritt für Schritt; wenn ich denke, so denkt dein Geist; wenn ich spreche, so spricht deine Stimme. Schönheit liegt vor mir, und Schönheit ist hinter mir, über und unter mir schwebt der Geist der Schönheit, ich bin umgeben von ihm, ganz in ihn eingetaucht. In meiner Jugend bin ich mir seiner bewußt, und in meinem Alter gehe ich ruhigen Herzens den schönen Pfad.

Vielleicht, liebe Leserin, lieber Leser, waren sie erstaunt, wenn nicht verärgert über einige Gebete, vor allem im Kapitel »Jeder Fußbreit ist heilig«, die *so* von einem Christen (oder gläubigen Juden oder Moslem) wohl kaum gebetet werden. Ich meine nicht die ganz frühen polytheistischen aus Hellas oder Ägypten, sondern jene Fast-noch-Jetztzeit-Gebete der Indianer, die ein Weltbild widerspiegeln, in dem alle Lebewesen und ihre ‚Geister', von der unscheinbarsten Pflanze bis zum Grizzlybären, aber auch die Elemente und Naturkräfte heilig sind; sie sind es, weil sie in einer unverbrüchlichen Wechselbeziehung zum Schöpfergott, aber auch untereinander und zu den Menschen stehen. – Gegen derlei animistisch-pantheistischen Vorstellungen ist – im Namen Christi – jahrhundertelang ein theologischer Angriffskrieg geführt worden. Mit der unbeabsichtigten Folge einer fast perfekten Säkularisierung der Natur zum bloßen Objekt profitorientierter Ausbeutung.

Hätten also diese innigen Hymnen und Bitten weggelassen werden sollen? Der große Gottsucher Teilhard de Chardin bekannte sich zu seinem »heidnischen Seelengrund« als zu einer »Schwäche im Herzen ... für die uralte Wohnstatt der Vergangenheit«. Ich frage: *nur* Schwäche, *nur* Vergangenheit – nicht auch, wenn wir überleben wollen, Zukunft? Ökologie als umfassende Wissenschaft von den vernetzten Bedingungen allen Lebens muß von unsern Kindern und Enkeln ja nicht nur rational begriffen, sondern auch erlebt, ja gelebt werden – mit einschneidenden Konsequenzen! Ohne ein Ethos, das Gott die Ehre läßt, aber jenen »heidnischen Seelengrund« einschließt, wird das nach meiner Überzeugung nicht glücken.

F. R.

Hinweise zu den Quellen

S. 20f. Aus: Das Buch von der Liebe. Das poetische Werk Bd. 4, Peter Hammer Verlag, Wuppertal 1985.

S. 24 Aus: Leben und Werk, hrsg. von Claude Cuénot, Walter Verlag, Olten – Freiburg/Br. 1966.

S. 26 Aus: Fritz Pawelzik, Ich werfe meine Freude an den Himmel. Gesammelte Gebete aus Afrika, Aussaat-Verlag, Neukirchen-Vluyn ²1982.

S. 28f. Aus: In der Nacht leuchten die Wörter. Das poetische Werk Bd. 1, Peter Hammer Verlag, Wuppertal 1985.

S. 30f. Aus dem »Hymnus an den Logos«, Christiana-Verlag, Stein a. Rh. 1972.

S. 40f. Aus: Emmanuel Jungclaussen, Die Fülle erfahren, Verlag Herder, Freiburg/Br. 1978; von Karl Rahner zitiert nach dem Sonnengesang des heiligen Franziskus.

S. 44f. Aus: Hymnen an die Kirche, Ehrenwirth-Verlag, München 1961.

S. 47 Aus: Die Sammlung: Junge Lyrik aus Österreich, Ullstein-Verlag, Wien 1947; zitiert nach: Paul Kurz, Psalmen vom Expressionismus bis zur Gegenwart, Verlag Herder, Freiburg/Br. 1980.

S. 51 Aus: Weißt du, daß die Bäume reden? Weisheit der Indianer, hrsg. von Käthe Recheis und Georg Bydlinkski, Verlag Herder, Wien 1985.

S. 52f. Aus: Werner Müller, Geliebte Erde. Naturfrömmigkeit und Naturhaß im indianischen und europäischen Nordamerika, Bouvier-Verlag, Bonn ²1976.

S. 54 Aus: Schwarzer Hirsch. Die heilige Pfeife, © Walter Verlag, Olten 1978.

S. 55 Aus: Weißt du, daß die Bäume reden? Weisheit der Indianer, hrsg. von Käthe Recheis und Georg Bydlinski, Verlag Herder, Wien 1985.

S. 56 Aus: Siddhartha, © Suhrkamp Verlag, Frankfurt/M. 1969.

S. 57 Aus: »Natur«, übers. und hrsg. von Harald Kiczka, Novalis-Verlag, Schaffhausen 1981.

S. 61 Aus: Gebete zum Frieden, hrsg. von Uwe Seidel und Dietmar Zils, Jugenddienst-Verlag, Wuppertal 1982.

S. 62 Aus: Die Werke der Barmherzigkeit, Verlag Schwyzer Zeitung, Schwyz 1976.

S. 63 Aus: Wir stehen auf dünner Erdenhaut, Lutherisches Verlagshaus, Hannover 1979, © Arnim Juhre.

S. 64f. Aus: Befreites Volk betet anders. Gebete und Lieder aus Brasilien, hrsg. von der Franziskanergemeinschaft Kloster Bardel, Bad Bentheim.

S. 66 Aus: Stellenangebot, Lahn-Verlag, Limburg ²1982.

S. 67 Aus: Vom Schrei zum Gesang. Brasilianische Meditationen, Jugenddienst-Verlag, Wuppertal 1985.

S. 68 Aus: Nennt sie beim Namen. Asphaltgebete, Herderbücherei Bd. 979, Verlag Herder, Freiburg/Br. 1982.

S. 70 Aus: Peter Karner / Erika Fuchs, Texte für grüne Christen, Verlag Herder, Wien 1982.

S. 71 Aus: Ich möchte Mauern durchschreiten. Gebete osteuropäischer Christen, hrsg. von Rudolf Bohren, Herderbücherei Bd. 1224, Verlag Herder, Freiburg/Br. 1985.

S. 74 Aus: Ich aber sage euch, Kreuz-Verlag, Stuttgart 1969, © Heinz Zahrnt, Kiel.

S. 76 f. Aus: Das Ende der Vorsehung, Copyright © 1972 by Rowohlt Verlag GmbH, Reinbek.

S. 79 Aus: Weißt du, daß die Bäume reden? Weisheit der Indianer, hrsg. von Käthe Recheis und Georg Bydlinksi, Verlag Herder, Wien 1985.

S. 80 f. Aus: Die Welt hat noch eine Zukunft, Kreuz-Verlag, Stuttgart.

S. 83 Aus: Leonhard Reinisch, Das Spiel mit der Apokalypse. Über die letzten Tage der Menschheit, Verlag Herder, Freiburg/Br. 1984.

S. 84 Aus: Spuren im Spiegellicht, Union-Verlag, Berlin.

S. 86 Aus: Gebete der Einsamkeit, Karl Rauch-Verlag, Düsselsorf 1959.

S. 87 Aus: Adelbert Ludwig Balling, Lieber Gott, du bist prima.Kinderwünsche und -gebete, Herderbücherei Bd. 1209, Verlag Herder, Freiburg/Br. 1985.

S. 89 Aus: Schwarzer Hirsch. Die heilige Pfeife, © Walter Verlag, Olten 1978.

S. 90 Aus: Alfons Pereira, Jugend mit Gott. Gedanken und Gebete, Verlag Butzon und Bercker, Kevelaer 1971.

S. 91 Aus: Mach aus mir einen Regenbogen, pendo-Verlag, Zürich 1981.

S. 92 f. Aus: Befreites Volk betet anders. Gebete und Lieder aus Brasilien, hrsg. von der Franziskanergemeinschaft Kloster Bardel, Bad Bentheim.

S. 94 f. Aus: Paradies und Babylon. Guatemaltekische Visionen und Gebete, Jugenddienst-Verlag, Wuppertal 1985.

S. 96 Aus: Jörg Zink, Wie wir beten können, Kreuz-Verlag, Stuttgart [10]1981.

S. 97 Aus: Adalbert Ludwig Balling, Unseren täglichen Reis gib uns heute. Gebete aus der Dritten Welt, Herderbücherei Bd. 1119, Verlag Herder, Freiburg/Br. 1984.

S. 98 Aus: Gebete zum Frieden, hrsg. von Uwe Seidel und Dietmar Zils, Jugenddienst-Verlag, Wuppertal 1982.

S. 102 Aus: Ich möchte Mauern durchschreiten. Gebete osteuropäischer Christen, hrsg. von Rudolf Bohren, Herderbücherei Bd. 1224, Verlag Herder, Freiburg/Br. 1985.

S. 103 Aus: Die Bettlerschale, Gedichte, Verlag Otto Müller, Salzburg 1956.

S. 104 Aus: Weißt du, daß die Bäume reden? Weisheit der Indianer, hrsg. von Käthe Recheis und Georg Bydlinski, Verlag Herder, Wien 1985.

S. 106 Aus: Jörg Zink, Wie wir beten können, Kreuz-Verlag, Stuttgart [10]1981.

S. 107 Aus: Vom Schrei zum Gesang. Brasilianische Meditationen, Jugenddienst-Verlag, Wuppertal 1985.

S. 108 f. Aus: Stellenangebot, Lahn-Verlag, Limburg [2]1982.

S. 110 f. Aus: Paul Kurz, Psalmen vom Expressionismus bis zur Gegenwart, Verlag Herder, Freiburg/Br. 1980.

S. 112 f. Aus: Friede nimm meine Hand, Lahn-Verlag, Limburg 1984.

S. 116 Aus: Adalbert Ludwig Balling, Lieber Gott, du bist prima. Kinderwünsche und -gebete, Herderbücherei Bd. 1209, Verlag Herder, Freiburg/Br. 1985.

S. 118 Aus: Weißt du, daß die Bäume reden? Weisheit der Indianer, hrsg. von Käthe Recheis und Georg Bydlinkski, Verlag Herder, Wien 1985.

S. 119 f. Aus: Sich auf Gott verlassen, hrsg. von Rudolf Walter. Herderbücherei Bd. 803, Verlag Herder, Freiburg/Br. 1980; aus dem Niederländischen übertragen von Ulrich Schütz.

S. 122 Aus: Ich möchte Mauern durchschreiten. Gebete osteuropäischer Christen, hrsg. von Rudolf Bohren, Herderbücherei Bd. 1224, Verlag Herder, Freiburg/Br. 1985.

S. 123 Aus: Gedichte Bd. 2, »Mensch–Welt–Natur«, Verlag Jan Thorbecke, Sigmaringen.

S. 124 Aus: In der Nacht leuchten die Wörter. Das poetische Werk Bd. 1, Peter Hammer Verlag, Wuppertal 1985.

S. 126 f. Aus: Gebete zum Frieden, hrsg. von Uwe Seidel und Dietmar Zils, Jugenddienst-Verlag, Wuppertal 1982. Dieses Gebet eines russischen Christen ist im Februar 1976 in einem Zwangsarbeiterlager in Mordwinien entstanden.

S. 128 Aus: Psalmen, © by Limes Verlag, München 1967.

S. 129 Aus: Gott, der mich atmen läßt, Verlag Herder, Freiburg/Br. 1985.

S. 132 f. Aus einem Gottesdienst vom 28. November 1984, gehalten in der Rehauer Pfarrkirche.

S. 139 21. Evangelischer Kirchentag, Düsseldorf 1985.

S. 140 f. Aus: In deinen Schutz genommen, Verlag Vandenhoeck & Ruprecht, Göttingen, 3. erw. Aufl. 1984. Als Lied zu singen nach der Melodie »Sei Lob und Ehr«, EKG 233, oder zu singen nach »Herr Jesu Christ, du höchstes Gut«, EKG 158.

S. 146 f. Ursprünglich gemeinsamer Text von EKD und DDR-Kirchenbund, 1985.

S. 148 f. Aus: Gott, der mich atmen läßt, Verlag Herder, Freiburg/Br. 1985.

S. 150 f. Aus: Jörg Zink, Kostbare Erde, Kreuz-Verlag, Stuttgart [3]1982. Indianische Frauen gestalteten die Feier am »Weltgebetstag der Frauen« 1981.

Atomwaffen und Gewissen

Entscheidungshilfe für Christen
Herausgegeben von Christel Küpper und Franz Rieger

Band 1043, 160 Seiten

Je intensiver die Diskussion innerhalb der evangelischen und katholischen Kirche über die ethischen Grenzen der Abschreckung wird, desto strittiger ist auch, auf welche christlichen und biblischen Grundlagen sich eine Entscheidung für oder gegen Atomwaffen berufen kann. Moraltheologen und Sozialethiker (von Helmut Gollwitzer bis zu Horst Eberhard Richter) geben in dem vorliegenden, sehr kompakten und daher empfehlenswerten Band Anstöße und Gedankenanregungen. Vom ethischen Gesichtspunkt her sind sich fast alle Autoren einig: Gedanken an die Führbarkeit eines Atomkriegs sind in jedem Falle rigoros abzulehnen.

Stuttgarter Nachrichten

Herderbücherei